Inhalt

Sach- und Gebrauchstexte nutzen

Autorin: Herta Heindl

Texte visualisieren und präsentieren

Autor: Hennes Weiß

Autorin:
Herta Heindl unterrichtet an einer integrierten Gesamtschule die Fächer Deutsch und Gesellschaftslehre. Ihr Tätigkeitsschwerpunkt liegt seit längerem in der Arbeit als Trainerin für das Projekt „Pädagogische Schulentwicklung" des EFWI in Rheinland-Pfalz.

Autor und Herausgeber:
Hennes Weiß unterrichtet Sport und Deutsch. Er arbeitet zudem in der Lehreraus- und fortbildung. Die Schwerpunkte seiner Tätigkeit am Staatlichen Schulamt Darmstadt sind Fachberatung und „Neue Medien".

Autor und Herausgeber:
Markus Kuhnigk ist Lehrer für Deutsch und Katholische Religion an einem hessischen Gymnasium. Er ist am Studienseminar Gießen als Ausbildungsbeauftragter tätig und arbeitet in der Lehrerfortbildung.

Sach- und Gebrauchstexte nutzen

Der Lern- und Arbeitsprozess

A Vorwissen und Voreinstellungen aktivieren

Die Lernspiralen LS 01 und LS 02 sollen themenspezifisches Vorbewusstsein der Schüler offen legen. Sie sollen nachdenklich machen, Gespräche in Gang setzen, Problembewusstsein schaffen, Defizite in den Blick bringen und tragfähige Lerninteressen mobilisieren helfen. Die besagten Lernspiralen gliedern sich in jeweils mehrere Arbeitsschritte der Schüler. Die betreffenden Arbeitsabläufe werden hier kurz beschrieben. Die detaillierten Ausführungen befinden sich auf den nachfolgenden Seiten.

LS 01 Themenzentrierte Assoziationsübung durchführen ▶ Assoziationen notieren ▶ Partnerberichte ▶ Kurzvorträge in Zufallsgruppen ▶ Begriffskarten erstellen ▶ Präsentation im Plenum

LS 02 Arbeitstechniken mehrstufig reflektieren ▶ Fragebogen bearbeiten ▶ Einschätzungen in Zufallsgruppen austauschen und hinterfragen ▶ wichtige Erkenntnisse im Plenum vortragen und diskutieren ▶ Klassenspiegel erstellen

B Neue Kenntnisse und Verfahrensweisen erarbeiten

Die Lernspiralen LS 03 bis LS 07 geben den Schülern Gelegenheit, intensiver ins anstehende Thema, den Umgang mit Sach- und Gebrauchstexten, einzudringen und inhaltlich wie methodisch Neues zu lernen. Sie müssen vielseitig arbeiten und üben, konstruieren und produzieren, kommunizieren und präsentieren.

LS 03 Fünf-Schritt-Lesemethode am Textbeispiel erarbeiten ▶ Text lesen ▶ Zwischenüberschriften in Zufallstandems finden ▶ sich in Gruppen auf Zwischenüberschriften einigen und dazu Piktogramme entwerfen ▶ Präsentation der Ergebnisse im Plenum

LS 04 Markierungsregeln anhand eines Sachtextes entwickeln ▶ versuchsweise Text markieren ▶ in Zufallsgruppen ein Markierungsbeispiel vorbereiten ▶ Reflexion im Plenum ▶ Markierungsregeln entwickeln ▶ kooperative Präsentation im Plenum

LS 05 Zu einem Sachtext einfache Strukturmuster erstellen ▶ nach der 5-Schritt-Lesemethode Text lesen und regelgebunden markieren ▶ Vergleich der Markierungen in Zufallstandems ▶ Strukturmuster in Gruppen entwickeln ▶ Kurzvortrag im Tandem vorbereiten ▶ Präsentation und Feedback im Plenum

LS 06 Zu alternativen Texten Lernplakate gestalten ▶ als vorbereitende HA Text lesen und regelgebunden markieren ▶ Inhalt in textgleichen Zufallsgruppen zusammenfassen ▶ Spickzettel schreiben ▶ Wiedergabe im Doppelkreis ▶ Lernplakat in Mischgruppen gestalten ▶ Präsentation der Ergebnisse und Rückmeldung im Plenum

LS 07 Tabellarische Darstellung erschließen und auswerten ▶ Tabelle lesen ▶ Aufgaben in Partnerarbeit lösen ▶ Fragen vorbereiten ▶ Produktempfehlung in Zufallsgruppen schreiben ▶ ausgeloste Schüler tragen Empfehlungen im Plenum vor

LS 08 Aus nicht linearen Texten Informationen entnehmen ▶ Aufgaben als vorbereitende HA bearbeiten ▶ Ergebnisvergleich in Gesprächszirkeln ▶ Tabellen- und Diagrammauswertung in PA ▶ Diskussion und Schlussfolgerung im Plenum

C Komplexe Anwendungs- und Transferaufgaben

Die Lernspiralen LS 08, LS 09 und LS 10 zeichnen sich dadurch aus, dass sie den Schülern komplexere Aufgabenstellungen zutrauen. Das erworbene Sach- und Methodenwissen muss angewandt, der eigene fachliche Durchblick unter Beweis gestellt werden.

LS 09 Aus nicht linearen und linearen Texten Informationen zusammenfassen ▶ als vorbereitende HA Text markieren ▶ Ratschläge im Kettengespräch formulieren ▶ in arbeitsteiliger GA Rollen vorbereiten ▶ in Mischgruppen Rollenspiel proben ▶ Präsentation und Feedback im Plenum ▶ Methodenreflexion im Plenum

LS 10 Übergreifende methodisch-inhaltliche Reflexion durchführen ▶ Arbeitstechniken reflektieren ▶ in Zufallstandems „Trainingspläne" entwickeln ▶ Pläne in Zufallsgruppen erläutern ▶ kritische Begutachtung ausgeloster Lernpläne im Plenum ▶ Reflexion und Diskussion der Lerneingangserhebung zu Beginn in Zufallsgruppen ▶ Blitzlicht im Plenum

Abkürzungen und Siglen

LS = Lernspirale
LV = Lehrervortrag
EA = Einzelarbeit
PA = Partnerarbeit
GA = Gruppenarbeit
PL = Plenum
HA = Hausarbeit/Hausaufgabe

L = Lehrerin oder Lehrer
S = Schülerinnen und Schüler

In den Erläuterungen zur Lernspirale wird für Lehrerinnen und Lehrer bzw. für Schülerinnen und Schüler ausschließlich die männliche Form verwendet. Dabei ist die weibliche Form stets mitgemeint.

Hinweis zum Zeitansatz

Eine Lernspirale ist für 90 (45) Minuten konzipiert. In der Regel wird nicht die volle Unterrichtszeit verplant, sondern pro Lernspirale ein Zeitpuffer von 5-10 Minuten einkalkuliert (um aufzuräumen, organisatorische Alltagsgeschäfte zu erledigen oder Schülern ein Feedback zu geben).

Je nach Größe und Leistungsstärke der Lerngruppe muss der Zeitansatz, der im Stundenraster für jede Unterrichtsphase ausgewiesen ist, entsprechend angepasst werden.

LS 01 Themenzentrierte Assoziationsübung durchführen

		Zeit	Lernaktivitäten	Material	Kompetenzen
1	EA	5´	S betrachten die Bilder und notieren spontan, was ihnen dazu einfällt.	S 01.1	- artikuliert und verständlich reden - verständlich informieren - Gedanken strukturiert äußern - freie Redebeiträge leisten - konstruktiv diskutieren - sachbezogen auf andere reagieren - Gesprächsregeln einhalten - eigene Meinung begründet vertreten - Bilder kommentieren - Informationen entnehmen - richtig schreiben - verständlich schreiben - Arbeitsaufträge korrekt umsetzen - zielgerichtet arbeiten und kooperieren
2	PA	10´	S stellen sich ihre Assoziationen vor, einigen sich auf eines der Bilder und bereiten eine entsprechende Kurzpräsentation vor.	S 01.2	
3	PL	10´	Pro Bild präsentiert je ein Schülertandem. Nötigenfalls wird ausgelost.		
4	EA	5´	S bearbeiten die Leitfragen 3 und 4 im Schülerarbeitsheft.	S 01.3, 4	
5	GA	20´	In Zufallsgruppen notieren S drei zentrale Informationsquellen auf Karten sowie drei Tipps zur Informationsspeicherung in Sprechblasen.	S 01.5	
6	EA/ PL	15´	Ausgeloste Gruppenvertreter präsentieren ihre Karten. Die betreffenden Informationsquellen werden ins Heft übertragen.	S 01.6	
7	EA/ PL	15´	Ausgeloste Gruppenvertreter präsentieren ihre Tipps, wie man sich Informationen am besten merken kann (Sprechblasen). Die Tipps werden ins Heft übertragen.	S 01.7	

Erläuterungen zur Lernspirale

Ziel der Doppelstunde ist es, die Schüler zum Thema Informationsentnahme und -wiedergabe hinzuführen. Über die Abbildungen der verschiedenen Informationsquellen wird das Vorwissen aktiviert und die Voreinstellung bzgl. der Quellen thematisiert.
Eine Zäsur ist denkbar, indem in Arbeitsschritt 4 und 5 jeweils nur auf die Informationsquellen eingegangen wird. Die Präsentation der Karten müsste in der nächsten Stunde erfolgen, ebenso die Erarbeitung und Präsentation der Tipps.

Zum Ablauf im Einzelnen:
Arbeitsschritt 1 und 2 sind Brainstormingphasen. Zuerst haben die Schüler Gelegenheit, in Einzelarbeit die Abbildungen intensiv zu betrachten und danach alles zu notieren, was ihnen dazu einfällt. Dies können Erfahrungen im Umgang mit Büchern, Zeitschriften, Internetsuchdiensten sein, Vorlieben für eine Form der Informationsentnahme oder Beispiele. Erlaubt sind alle Assoziationen.
Im **2. Arbeitsschritt** einigen sich die Tandempartner auf ein Bild, das sie im Plenum vorstellen wollen. In Stichworten bereiten sie eine kleine Kurzpräsentation vor, in der sie darlegen, warum sie diese Abbildung gewählt haben und was sie damit verbinden. Die Assoziationen können auf Karten notiert werden. Je nach Klasse ist die Sammlung aller Ideen angebracht. Der Zeitansatz verändert sich dann entsprechend.
Im **3. Arbeitsschritt** wäre es vorteilhaft, wenn die Schüler bei der Präsentation auf eine Folie mit „ihrem" Bild zurückgreifen könnten (siehe Merkposten). Ergänzungen aus dem Plenum sind nach jeder Präsentation zuzulassen.
Im **4. Arbeitsschritt** beschäftigen sich die Schüler gezielt mit ihrem persönlichen Umgang mit Informationsquellen. Sie notieren und begründen, welche Quellen sie am häufigsten benutzen. Zugleich reflektieren sie ihren Umgang mit der Verarbeitung von Informationen. An dieser Stelle sollte das Hauptaugenmerk nicht auf der Weitergabe schulischer Informationen liegen.
Im **5. Arbeitsschritt** finden in Zufallsgruppen ein Austausch und die Reduktion auf wesentliche Informationsquellen und tragfähige Tipps statt.
Im **6. Arbeitsschritt** werden die Karten mit den Informationsquellen an die Tafel gepinnt. Ausgeloste Gruppenvertreter einer Gruppe beginnen, die anderen Gruppen ergänzen.
Im **7. Arbeitsschritt** werden analog dem 6. Schritt die Tipps präsentiert und im Plenum reflektiert.
Sollten die Arbeitsschritte 5, 6, 7 weniger Zeit in Anspruch nehmen (je nach Leistungsstärke der Lerngruppe), können Vor- bzw. Nachteile verschiedener Informationsquellen in arbeitsteiliger Gruppenarbeit erarbeitet werden (denkbar auch als HA).

✓ Merkposten

Für die Bildung der Zufallspaare und Zufallsgruppen sind geeignete Losgegenstände (Kartenspiel, Ziffernkarten o. Ä.) vorzubereiten. Gleiches gilt für das Auslosen der Gruppensprecher.

Die einzelnen Bilder können vergrößert auf Folie gebracht werden, damit die Schüler in der Präsentationsphase darauf zurückgreifen können

Für Phase 5 sind pro Gruppe drei Kärtchen, ein Filzstift sowie drei Blätter mit Sprechblasen vorzubereiten.

Für das Anheften der Kärtchen und Sprechblasen an der Tafel sind Tesakrepp-Streifen bereitzustellen.

LS 02 Arbeitstechniken mehrstufig reflektieren

		Zeit	Lernaktivitäten	Material	Kompetenzen
1	EA	10′	S lesen Fragebogen im Schülerheft, schätzen ihr persönliches Arbeitsverhalten ein, begründen.	S 02.1,2	- artikuliert und verständlich reden - Empfindungen äußern - konstruktiv diskutieren - Gesprächsregeln einhalten - eigene Meinung begründen - auf Gegenpositionen sachlich eingehen - Stichwörter aufschreiben - nicht lineare Texte auswerten - Zusammenhänge verdeutlichen - Arbeitsaufträge korrekt umsetzen
2	GA	15′	S tauschen ihre Einschätzungen in Zufallsgruppen aus, erläutern und hinterfragen diese. Sie zählen die Antworten aus und notieren die jeweilige Anzahl auf einem gesonderten Blatt.	S 02.3	
3	PL	15′	Im Plenum werden die angezeigten Häufigkeiten gruppenweise auf eine Folie übertragen und anschließend addiert. Wichtige Erkenntnisse der Gruppengespräche werden vorgetragen. S werten den Klassenspiegel im Plenum aus; besonders auffallende Ergebnisse werden schrittweise gemeinsam besprochen. Anschließend diskutieren die S die methodische Vorgehensweise. Nach Möglichkeit sollte der Zusammenhang zur Unterrichtseinheit von den S selbst hergestellt werden (ggf. Schwerpunkte definieren).		
	HA		S formulieren, was sie gezielt üben wollen im SH S. 4.	S 02 Randspalte	

Erläuterungen zur Lernspirale

✓ Merkposten

Für die Bildung der Zufallsgruppen sind geeignete Losgegenstände (Kartenspiel, Ziffernkarten o. Ä.) vorzubereiten.

Im 2. Arbeitsschritt erleichtert eine Kopie des Fragebogens pro Gruppe die Auszählarbeit.

Für die Plenumsphase ist der Fragebogen auf Folie zu kopieren.

Für das Wandplakat wird ein entsprechend großer Plakatkarton benötigt.

Ziel der Einzelstunde ist die Sensibilisierung der Schüler für Arbeitstechniken zur Texterschließung. Mit dem Ausfüllen des Fragebogens und der Diskussion in der Gruppe soll zum einen Problembewusstsein geschaffen werden, zum anderen die Fähigkeit zur Selbstkritik angeregt werden. Objektive Ergebnisse bei der Bearbeitung des Fragebogens können nicht erwartet werden. Eher ist mit zu positiven Selbsteinschätzungen zu rechnen, die thematisiert und wechselseitig korrigiert werden müssen.
Der Zeitrichtwert für diese Stunde ist knapp bemessen; in diskussionsfreudigen Lerngruppen muss daher mehr Zeit einkalkuliert werden.

Zum Ablauf im Einzelnen:
Vor Beginn der Übung sollte der Lehrer deutlich machen, dass die Befragung der offenen und ehrlichen Klärung von Schwierigkeiten dient.
Im **1. Arbeitsschritt** haben die Schüler Gelegenheit zur individuellen Besinnung. Sie kreuzen im Fragebogen an, wie gut sie die entsprechenden Arbeitstechniken beherrschen. Zu einem Bereich, in dem sie sich besonders positiv einschätzen, notieren die Schüler eine Begründung. Dabei müssen sie nochmals ihr eigenes Arbeitsverhalten reflektieren. In leistungsschwächeren Lerngruppen sollte diese Arbeitsphase entweder in Partnerarbeit durchgeführt werden oder im Plenum mit den Schülern Item für Item durchgesprochen werden. Der Zeitansatz erhöht sich dadurch.
Im **2. Arbeitsschritt** tauschen die Schüler ihre individuellen Einschätzungen in Zufallsgruppen aus; dabei sollen Fehleinschätzungen thematisiert und diskutiert werden. Die Schüler zählen in ihrer Gruppe die Antworten aus; diese werden von einem Gruppenmitglied notiert (ggf. auf der vorbereiteten Kopie des Fragebogens).
Im **3. Arbeitsschritt** erfolgt im Plenum die Auswertung der Gruppenergebnisse. Die Häufigkeiten werden abgefragt, auf Folie notiert und anschließend addiert. Besonders auffallende Ergebnisse sollten thematisiert werden. Bei der methodischen Reflexion der Übung (Warum und wie wurde dieser Fragebogen eingesetzt?) gelingt es leistungsstärkeren Schülern, den Zusammenhang zum Thema „Sach- und Gebrauchstexte nutzen" herzustellen. Bei schwächeren Lerngruppen sind an dieser Stelle ergänzende Hinweise des Lehrers notwendig.
Zur Visualisierung des Klassenspiegels können die Werte im Nachhinein von Schülern auf ein Wandplakat übernommen werden, das während der Einheit im Klassensaal hängen bleibt, um bei Bedarf darauf Bezug nehmen zu können.
Am **Ende** der Einheit sollte die Lerneingangserhebung als Selbstreflexion zum Lernprozess nochmals durchgeführt und ein Vergleich mit der Ersteinschätzung herausgearbeitet werden (siehe LS 10, S. 17).

LS 03 Fünf-Schritt-Lesemethode am Textbeispiel erarbeiten

		Zeit	Lernaktivitäten	Material	Kompetenzen
1	EA/PA	10′	S lesen Text, notieren in einem Satz, worum es geht, und tauschen sich mit dem Tischnachbarn aus.	S 03.1, 2	- anschaulich über Arbeitsergebnisse informieren - konstruktiv diskutieren - gezielt nachfragen - Inhalt mit eigenen Worten wiedergeben - freie Redebeiträge leisten - eigene Meinung begründet vertreten - aktiv zuhören - überfliegend lesen - sinnerfassend lesen - Lesererwartungen nutzen - Informationen entnehmen - Textaufbau erfassen - Teilüberschriften finden - Textabschnitte zusammenfassen - mithilfe von Symbolen Texte veranschaulichen - Kartenmethode zielgerichtet einsetzen - zielgerichtet arbeiten und kooperieren
2	PA	5′	S formulieren zu jedem Abschnitt eine Überschrift.	S 03.3	
3	GA	25′	In Zufallsgruppen vergleichen S die Überschriften. Sie einigen sich auf eine Überschrift pro Absatz und notieren diese jeweils auf einer Karte. Zu jeder Überschrift entwerfen S in der Zufallsgruppe ein Piktogramm bzw. Symbol und zeichnen dieses auf ein DIN-A4-Blatt. Die anschließende Tandempräsentation wird vorbereitet.	S 03.4, 5	
4	EA/PL	15′	Aus zwei bis drei ausgelosten Gruppen präsentiert jeweils ein Schülertandem; die Überschriftkarten werden neben die Piktogramme an die Tafel gepinnt. Im Plenum wird begründet und entschieden, welche Ergebnisse die 5-Schritt-Lesemethode am besten beschreiben. Die Überschriften und Piktogramme werden ins Schülerheft übertragen (Piktogramme evtl. als HA zeichnen lassen).	S 03.6	
5	PA	15′	Im Doppelkreis geben S die fünf Schritte der Lesemethode wieder (einmaliger Wechsel, sodass jeder Schüler einmal spricht und einmal ergänzt bzw. korrigiert).		
6	PL	10′	S reflektieren im Plenum sowohl die 5-Schritt-Lesemethode als auch die Erschließung der Lesemethode über die Textarbeit anhand von Leitfragen.		
	HA		S erschließen Sachtext im Lesebuch nach der 5-Schritt-Lesemethode.		

Erläuterungen zur Lernspirale

Ziel der Doppelstunde ist das Erschließen der 5-Schritt-Lesemethode anhand des Textes. Für die einzelnen Schritte werden treffende Überschriften und entsprechende Visualisierungen gesucht.

Zum Ablauf im Einzelnen:
Nachdem die Schüler im **1. Arbeitsschritt** den Text gelesen haben, notieren sie in einem Satz den Kerngedanken des Textes. Dabei wenden sie zugleich den 1. Schritt der 5-Schritt-Lesemethode an.
Im **3. Arbeitsschritt** stellen die Schüler einander die Überschriften aus Schritt 2 in Zufallsgruppen vor und diskutieren diese. Die Gruppe muss sich für die jeweils treffendste Überschrift entscheiden (mögliche Überschriften: Überfliegen, Fragen, Genaues Lesen, Zusammenfassen, Wiederholen). Jede Überschrift wird mithilfe eines Piktogramms visualisiert (Begriff Piktogramm an einfachen Beispielen erklären lassen). Zusätzlich muss in der Gruppe die Tandempräsentation vorbereitet werden.

Im **4. Arbeitsschritt** erfolgt die Präsentation; zwei (maximal drei) Gruppen stellen ihre Ergebnisse vor. Es kann sinnvoll sein, die Piktogramme aller Gruppen aufzuhängen. Nun wird im Plenum festgelegt, welche Überschrift den Kern eines jeden Abschnittes am besten trifft und welches Piktogramm dies am deutlichsten darstellt.
Zur Sicherung und als Anwendung des 5. Schrittes der 5-Schritt-Lesemethode, erfolgt die Wiedergabe des Textes im Doppelkreis, bevor im **6. Arbeitsschritt** die Methode anhand folgender Fragen reflektiert wird: Welche Schritte der Lesemethode sind bekannt? Welche Schritte fallen leicht? Welche Schritte müssen geübt werden? Welche Vorteile bringt die 5-Schritt-Lesemethode? Wann sollte man sie unbedingt einsetzen? Wann wird man sie eher nicht einsetzen? Welche Schritte wurden bereits während der Erarbeitung des Textes angewendet? Bei welchen Übungen traten Schwierigkeiten auf?

✓ Merkposten

Für die Bildung der Zufallspaare und Zufallsgruppen sind geeignete Losgegenstände (Kartenspiel, Ziffernkarten o. Ä.) vorzubereiten. Gleiches gilt für das Auslosen der Gruppensprecher/innen.

Pro Gruppe sind 5 Karten, 5 weiße DIN-A4-Blätter und Stifte notwendig.

Es sollte eine Folie mit den Leitfragen vorliegen.

LS 04 Markierungsregeln anhand eines Sachtextes entwickeln

		Zeit	Lernaktivitäten	Material	Kompetenzen
1	EA	10′	S lesen und markieren versuchsweise den Text.	S 04.1	- Wortschatz verbessern - Präsentationstechniken nutzen - gezielt nachfragen - Gesprächsregeln einhalten - eigene Gedanken begründen - sachlich argumentieren - kritische Bewertung vornehmen - Blattaufteilung beachten - richtig schreiben - verständlich schreiben - sinnbezogen lesen - Lesererwartung nutzen - Wesentliches hervorheben - Arbeitsaufträge korrekt umsetzen - zielgerichtet und kooperativ arbeiten - (kreativ schreiben)
2	PA	10′	S vergleichen die Markierungen und begründen ihre Vorgehensweise einem Zufallspartner gegenüber.	S 04.2	
3	GA	15′	In der Zufallsgruppe vergleichen und begründen die S ihre Markierungen; sie einigen sich auf ein gemeinsames Markierungsergebnis und übertragen die Markierungen auf eine DIN-A3-Textvorlage.	S 04.3 LS 04.M1	
4	PL	10′	Je ein Sprecher pro Gruppe (Losverfahren) präsentiert das gemeinsame Ergebnis und begründet die Markierungen. Im Plenum werden anhand der Beispielmarkierungen erste Tipps zum Markieren herausgearbeitet.	LS 04.M2	
5	GA	15′	S entwickeln vier (oder mehr) Regeln zum Markieren und notieren diese auf Satzstreifen.	S 04.4	
6	PL	10′	Jedes Mitglied einer ausgelosten Gruppe präsentiert einen Satzstreifen (kooperative Präsentation); die übrigen Gruppen ergänzen.		
7	LV	10′	Gezielter Lehrervortrag mit Visualisierung.	LS 04.M3	
	HA		S bearbeiten Labyrinth zu den Markierungsregeln (und gestalten ein Lesezeichen). Die Zusatzaufgabe auf S. 7 ist dem kreativen Schreiben zuzuordnen.	S 04.5,6	

Erläuterungen zur Lernspirale

✓ Merkposten

Für die Bildung der Zufallspaare und Zufallsgruppen sind geeignete Losgegenstände (Kartenspiel, Ziffernkarten o. Ä.) vorzubereiten. Gleiches gilt für das Auslosen der Gruppensprecher.

Für den 3. Arbeitsschritt muss die Textvorlage LS 04.M1 auf DIN-A3 in der Anzahl der Zufallsgruppen vergrößert werden.

Für Phase 5 sind pro Gruppe mindestens vier Papierstreifen aus festem Papier bzw. Tonkarton (Größe ca. 90 cm auf 10 cm) und ein dicker Filzstift vorzubereiten.

Ziel der Doppelstunde ist, dass die Schüler zentrale Regeln zum systematischen Markieren und Unterstreichen erarbeiten.

Zum Ablauf im Einzelnen:
Im **1. Arbeitsschritt** lesen die Schüler den Text und wenden ihre Markierungsmethode mit allen Unzulänglichkeiten in einer ersten Übungsphase an. In dieser Phase des Ausprobierens sind Fehler zuzulassen.
Im **2. Arbeitsschritt** findet eine erste Reflexion mit einem Tandempartner zur Vorgehensweise beim Markieren statt. Es werden sowohl die verwendeten Stifte zum Markieren als auch die markierten Begriffe und die Anzahl der Markierungen und Unterstreichungen angesprochen. In leistungsstarken Lerngruppen kann die Partnerabeit entfallen.
Im **3. Arbeitsschritt** diskutieren die Schüler in der Zufallsgruppe ihre Markierungen und müssen sich auf ein gemeinsames Beispiel einigen, das sie auf der DIN-A3-Textvorlage (LS 04.M1) festhalten. Das Gruppenergebnis muss von jedem Gruppenmitglied begründet werden können, da ein Sprecher pro Gruppe ausgelost wird.
In der folgenden Präsentation im **4. Arbeitsschritt** stellen drei bis vier Gruppen ihre Lösungen vor und begründen diese. Sinnvoll ist, die Markierungsbeispiele aller Gruppen an die Tafel/Pinnwand zu hängen. Durch den Vergleich der unterschiedlichen Markierungsversuche können so schnell erste Regeln abgeleitet werden.

In der Plenumsphase sollten gelungene Markierungsversuche besprochen werden (siehe LS 04.M2). Diese bilden die ersten Tipps, wie Texte einprägsam markiert werden. Auf die Bedeutung der 5-Schritt-Lesemethode zur Texterschließung sollte hingewiesen werden.
Im **5. Arbeitsschritt** erfolgt die Regelerarbeitung in den Zufallsgruppen. Pro Satzstreifen darf nur eine Regel notiert werden. Die anschließende kooperative Präsentation muss in den Gruppen vorbereitet werden.
Für die kooperative Präsentation wird eine Gruppe ausgelost; die anderen Gruppen ergänzen. Im Plenum wird kritisch bewertet, welche Regeln tatsächlich sinnvoll und notwendig sind.
Im Anschluss bietet sich ein Lehrervortrag (LS 04.M3) an, in dem die Regeln anhand von Beispielen vertieft werden. Die von den Schülern präsentierten Regeln sollten ihrem Wortlaut nach übernommen werden.
Zur Sicherung und Festigung bearbeiten die Schüler das Markierungslabyrinth als **Hausaufgabe** und gestalten ein Lesezeichen (DIN-A4-Karton längs halbiert) mit den Regeln.
Der **Lösungssatz** für das Markierungslabyrinth lautet: Wenn dir mithilfe deines „Spickzettels" alle wichtigen Informationen wieder einfallen, hast du deine „Schlüssel" gut ausgewählt und den Text verstanden.

LS 04.M1 Blue Jeans – ein Kult wird geboren

Levi Strauss heißt der Erfinder der Hose, die heute aus keinem Kleiderschrank wegzudenken ist. Die erste Jeans schneidert er 1853 aus braunem Zeltstoff. Der junge Levi hat eine lange Reise hinter sich. Aus dem fränkischen Buttenheim reist er 1847 zu seinen Brüdern nach New York. Zwei Jahre später beschließt er, nach San Francisco umzusiedeln und macht sich wieder auf den Weg. Amerika befindet sich im Goldrausch. Die Menschen zieht die Aussicht auf unendlichen Reichtum gen Westen. Sie machen sich auf die beschwerliche Reise durch teilweise unbesiedeltes und unendlich weites Land. Im Westen des Kontinentes angekommen, schürfen sie Tag und Nacht nach Gold. Levi Strauss hat eine Ladung Zeltplanen im Gepäck, die er an die Goldgräber verkaufen will. Was die Glücksuchenden aber wirklich brauchen, ist stabile Kleidung. Der junge Mann aus Deutschland erkennt seine Chance und fertigt die erste strapazierfähige Arbeiterhose aus den mitgebrachten Zeltplanen. Nach und nach wird die erste Jeans verändert und den Bedürfnissen der Goldgräber angepasst. Die klassische Blue Jeans aus Baumwollstoff ersetzt sieben Jahre später die Zeltplane. Ein Kult ist geboren.

LS 04.M2 **Markierungsbeispiel**

Blue Jeans – ein Kult wird geboren

Levi Strauss heißt der Erfinder der Hose, die heute aus keinem Kleiderschrank wegzudenken ist. Die erste Jeans schneidert er 1853 aus braunem Zeltstoff. Der junge Levi hat eine lange Reise hinter sich. Aus dem fränkischen Buttenheim reist er 1847 zu seinen Brüdern nach New York. Zwei Jahre später beschließt er, nach San Francisco umzusiedeln und macht sich wieder auf den Weg. Amerika befindet sich im Goldrausch. Die Menschen zieht die Aussicht auf unendlichen Reichtum gen Westen. Sie machen sich auf die beschwerliche Reise durch teilweise unbesiedeltes und unendlich weites Land. Im Westen des Kontinentes angekommen, schürfen sie Tag und Nacht nach Gold. Levi Strauss hat eine Ladung Zeltplanen im Gepäck, die er an die Goldgräber verkaufen will. Was die Glücksuchenden aber wirklich brauchen, ist stabile Kleidung. Der junge Mann aus Deutschland erkennt seine Chance und fertigt die erste strapazierfähige Arbeiterhose aus den mitgebrachten Zeltplanen. Nach und nach wird die erste Jeans verändert und den Bedürfnissen der Goldgräber angepasst. Die klassische Blue Jeans aus Baumwollstoff ersetzt sieben Jahre später die Zeltplane. Ein Kult ist geboren.

LS 04.M3 Lehrervortrag

Lösungsvorschlag für Markierungsregeln

- überfliegendes Lesen
- mit Bleistift unterstreichen
- nur Schlüsselwörter markieren
- Nebeninformationen mit dünnem, rotem Farbstift unterstreichen
- Schlüsselwörter mit gelbem Textmarker markieren

Lehrervortrag:
Markieren heißt hervorheben. Textmarker sind ein sinnvolles Hilfsmittel, um wichtige Stellen eines Textes ins Auge springen zu lassen. Bei einer Wiederholung konzentriert man sich auf die markierten Stellen. Die Markierungen stellen somit „Schlüssel" dar, mit deren Hilfe die „Schubladen" im Gedächtnis aufgeschlossen werden, in denen wichtige Informationen abgelegt sind. Dies gelingt jedoch nur dann, wenn man mit dem Textmarker wirklich wichtige Schlüsselwörter markiert und nicht ganze Sätze oder Abschnitte. Hat man zu viel markiert, verblasst die Erinnerung und man muss den ganzen Text nochmals konzentriert lesen. Das kostet unnötig Zeit. Deshalb empfiehlt es sich, den Text mit Bleistift vorzumarkieren. Mehrere Farbmarkierungen gleichzeitig bringen das Gedächtnis und das Auge unnötig durcheinander. Als Markierungsfarbe für Schlüsselwörter hat sich vor allem die Farbe „gelb" bewährt. Erläuternde Nebeninformationen unterstreicht man am besten mit einem dünnen, roten Filzstift. Rot ist bekanntlich eine Signalfarbe und daher gut zu erkennen. Die dünne Linie unterscheidet sich deutlich von den gelb markierten Stellen, sodass man die wichtigen Schlüsselwörter gut von den auch wichtigen Nebeninformationen unterscheiden kann.

LS 05 Zu einem Sachtext einfache Strukturmuster erstellen

		Zeit	Lernaktivitäten	Material	Kompetenzen
1	EA	15′	S lesen den Text, beachten dabei die ersten drei Schritte der 5-Schritt-Lesemethode. Sie markieren regelgebunden.	S 05.1	- Präsentationstechniken nutzen - Notizen zur Wiedergabe nutzen - Inhalte mit eigenen Worten wiedergeben - sachgerecht Stichwörter aufschreiben - Notizen strukturieren - Informationen zusammenfassen - Schemata entwickeln - überfliegend lesen - Lesererwartung nutzen - nachschlagen - Wortbedeutungen klären - markieren - komplexe Texte verstehen - Zusammenhänge verdeutlichen
2	PA	10′	In Zufallstandems vergleichen S ihre Markierungen und einigen sich auf wesentliche Schlüsselwörter.	S 05.2	
3	PL	5′	Im Plenum werden anhand der Schlüsselwörter die vier Computernutzungsarten, die im Text angeführt werden, geklärt.		
4	GA	20′	S entwickeln in der Zufallsgruppe ein einfaches Schema zur Textzusammenfassung im Entwurf. Sie können sich am Beispielschema orientieren. Dieses wird auf ein Plakat übertragen.	S 05.3	
5	PA	10′	S bereiten im Tandem einen Kurzvortrag zum Textinhalt vor, schreiben evtl. die Schlüsselwörter auf einen Spickzettel, damit sie nicht zur Tafel (Lernplakat) sprechen.	S 05.4	
6	PL	20′	Mehrere ausgeloste Tandems halten ihre Kurzvorträge und setzen die Visualisierung (Plakate) ein. Anschließend folgt eine Feedback-Phase sowohl zu den Vorträgen als auch zur Gestaltung der Strukturmuster.	LS 05.M1	

Erläuterungen zur Lernspirale

✓ Merkposten

Für die Bildung der Zufallspaare und Zufallsgruppen sind geeignete Losgegenstände (Kartenspiel, Ziffernkarten o. Ä.) vorzubereiten. Gleiches gilt für das Auslosen der Gruppensprecher.

Pro Gruppe werden ein Plakatkarton und verschiedenfarbige, dicke Stifte benötigt.

Für das Anheften der Plakate sind Tesakrepp-Streifen bereitzustellen.

Evtl. sollte eine Folienkopie des Textes für den Arbeitsschritt 3 vorliegen.

Zur Klärung unbekannter Wörter ist ein Multimedia-Lexikon sinnvoll bzw. sollte eine Recherchemöglichkeit im Internet ermöglicht werden.

Ziel der Doppelstunde ist, dass die Schüler den Aufbau eines Textes erkennen und den Textinhalt in einem einfachen Schema übersichtlich zusammenfassen können.

Zum Ablauf im Einzelnen:
Im **1. Arbeitsschritt** wenden die Schüler die Methoden an, die sie in den vergangenen Doppelstunden erarbeitet haben. Wenn ein Schwerpunkt auf das Üben der ersten drei Schritte der 5-Schritt-Lesemethode gesetzt werden soll, ist der Zeitansatz deutlich zu erhöhen. Je nach Leistungsstand der Lerngruppe sollte nach der Einzelarbeit auf die Ergebnisse der 5-Schritt-Lesemethode eingegangen werden.
Während der Erarbeitung im **2. Arbeitsschritt** werden die Schüler verschiedene Möglichkeiten finden. Liest man den Text unter der Fragestellung nach den Nutzungsarten, ergeben sich z. B. vier Bereiche (mögliches Lösungsschema siehe nächste Seite).
Das Finden und Markieren von Schlüsselwörtern ist eine schwierige Aufgabe. Daher empfiehlt sich ein **3. Arbeitsschritt** mit einer kurzen Plenumsphase, in der die Schüler ihre Schlüsselwörter vorstellen und auf die Fragestellung hin überprüfen. In schwachen Lerngruppen kann der Textaufbau gemeinsam erarbeitet werden. Wenn die Markierungsregeln an dieser Stelle im Vordergrund stehen, ist eine Folie mit (markiertem) Text notwendig. In leistungsstarken Lerngruppen kann diese Phase entfallen.
Im **4. Arbeitsschritt** entwickeln die Schüler in Zufallsgruppen ein einfaches Strukturmuster. Dabei können sie sich am Beispiel im Heft orientieren; andere Lösungsmöglichkeiten sind zur Förderung von Kreativität und Problemlösungsbewusstsein unbedingt zuzulassen. Eine mögliche Alternative stellen die Oberbegriffe Freizeit und Schule/Arbeit dar. Des Weiteren bietet sich die Gestaltung einer Mind-Map an. Für schwächere Lerngruppen können die Begriffe des Schemas auf Karten geschrieben werden. Die Schüler haben dann die Aufgabe, die Karten sinnvoll zu strukturieren.
Im **5. Arbeitsschritt** bereiten die Schüler in Tandems einen Kurzvortrag vor, in dem sie mithilfe des Strukturmusters den Textinhalt zusammenfassend vorstellen. Sinnvoll ist es, kleine Spickzettel zu schreiben, damit die Präsentierenden zum Publikum und nicht zum Plakat sprechen.
Je nach Zeitverbleib halten mehrere Tandems ihre Vorträge und setzen dabei ihr Schema als Verständnishilfe ein. Im Anschluss an die jeweiligen Präsentationen erfolgt eine Feedback-Runde.
Sollte der **4. Arbeitsschritt** mehr Zeit in Anspruch nehmen, entfällt der Kurzvortrag. Die Schemata werden dann im Klassensaal für einen Museumsrundgang aufgehängt.
Im Schülerheft ist auf S. 10 ein Projektvorschlag mit Themen rund um den Computer zu finden.

LS 05.M1 Möglicher Lösungsvorschlag Strukturmuster

Nutzung des Computers

Unterhaltung/ Freizeitbeschäftigung	Lernmittel	Arbeitswerkzeug	Informationsbeschaffung
PC-Spiele	Lernprogramme	Textverarbeitung	Recherche für Schule im Internet
Musik hören	Lernspiele	Malprogramme	Suche nach Trends und Produkten im Internet
DVDs schauen	Lernsoftware für Mathe, Deutsch, Fremdsprachen	Grafikprogramme	Lernsoftware
E-Mails schreiben		Rechtschreibprogramme	Lexika auf CD-Rom
Chatten		Formatierungsmöglichkeiten	

Mögliche Hausaufgabe zur Vertiefung des Strukturierens:

Text S 04: Blue Jeans – ein Kult wird geboren
Stelle den Textinhalt auf S. 7 übersichtlich in einem Schema, einer Tabelle, … dar.

Lösungsmöglichkeiten: zweispaltige Tabelle oder Zeitleiste (1847 → Strauss reist nach New York, 1849 → Strauss auf dem Weg nach San Francisco, 1853 → 1. Arbeiterhose aus Zeltplanen, 1860 → erste Blue Jeans aus Baumwollstoff)

Mögliche Projektarbeit

Planung, Durchführung, Auswertung und Präsentation einer Umfrage rund um den Computer, S 05, S.10

LS 06 Zu alternativen Texten Lernplakate gestalten

		Zeit	Lernaktivitäten	Material	Kompetenzen
1	HA		Vorbereitende HA: S lesen und markieren Text 1 **oder** Text 2 (Klasse entsprechend teilen regelgebunden, sie notieren die Antworten zu den Fragen.	S 06.1 Text 1 und 2	- sachlich informieren - Präsentationstechniken nutzen - sachbezogen auf andere reagieren - Notizen zur Wiedergabe nutzen - aufmerksam zuhören - sachgerecht Stichwörter aufschreiben - Notizen strukturieren - in lesbarer Handschrift schreiben - ein Plakat gestalten - überfliegend lesen - Lesererwartung nutzen - Nachschlagewerke heranziehen - Wortbedeutungen klären - Schlüsselwörter markieren - komplexe Texte verstehen
2	GA	15′	In textgleichen Gruppen (Stammgruppen) klären S unbekannte Wörter und Unverstandenes, fassen nochmals kurz den Inhalt zusammen und beraten über die Gestaltung eines Spickzettels.	S 06.2	
3	EA	5′	S erstellen „Spickzettel" mit max. 15 Wörtern.	S 06.3	
4	PA	15′	S halten mithilfe des Spickzettels Vorträge zu ihrem Thema im Doppelkreis, sie wiederholen das Gehörte; dabei sind mind. zwei Wechsel notwendig.		
5	GA	30′	S fassen das Wichtige der beiden Texte in Mischgruppen zusammen; sie gestalten ein Lernplakat zur visuellen Unterstützung und bereiten eine kooperative Präsentation vor.	S 06.4	
6	PL	20′	Ausgeloste Gruppen präsentieren die Ergebnisse. Anhand des Bewertungsbogens und der Plakatbewertung erfolgt eine Rückmeldung vom Plenum.	Bewertungsbogen S 05, S.27 und LS 03.M1, S. 24	
	HA		S formulieren Tipps.	S 06.5	

Erläuterungen zur Lernspirale

✓ Merkposten

Für die Bildung der Zufallsgruppen sind geeignete Losgegenstände (Kartenspiel, Ziffernkarten o. Ä.) vorzubereiten.

Kopien des Bewertungsbogens (S 05, S. 27) und der Plakatbewertung (LS 03.M1, S. 24) sind hilfreich.

Für Phase 3 ist pro Schüler ein Spickzettel im Format DIN-A7 notwendig.

Pro Gruppe werden ein Plakatkarton und verschiedenfarbige, dicke Stifte benötigt.

Zur Klärung unbekannter Wörter ist ein Multimedia-Lexikon sinnvoll bzw. sollte die Recherche im Internet ermöglicht werden.

Ziel der Doppelstunde ist die Anwendung und damit Festigung der Markierungsregeln und der 5-Schritt-Lesemethode. Die Inhalte zweier sich ergänzender Texte müssen auf einem Lernplakat zusammengefasst, visualisiert und kooperativ präsentiert werden.
Die Texte sind einer Computerzeitschrift für Jugendliche entnommen. Sie sind anspruchsvoll und eignen sich daher für leistungsstarke siebte Klassen oder ab Klasse 8.

Zum Ablauf im Einzelnen:
Vor der HA/im **1. Arbeitsschrit**t wird die Klasse in zwei Hälften geteilt. Eine Hälfte bearbeitet Text 1, die andere Text 2 im Schülerheft (vorbereitende Hausaufgabe).
Im **2. Arbeitsschritt** erfolgt die „organisierte Nachhilfe". In textgleichen 3er-Zufallsgruppen klären die Schüler, was sie noch nicht verstanden haben. Sie vergleichen ihre Markierungen und fassen den Inhalt mithilfe der Schlüsselwörter zusammen. Sie beraten, welche Wörter und Symbole zur Gestaltung des „Spickzettels" wichtig und sinnvoll sind. Die Funktion nichtsprachlicher Zeichen muss ggf. im Plenum geklärt werden.
Im **4. Arbeitsschritt** bilden die Schüler einen Doppelkreis; Schüler mit Text 1 bilden den Innenkreis, Schüler mit Text 2 den Außenkreis. Die Schüler benötigen ihren „Spickzettel" und einen Stift. Schüler des Innenkreises beginnen den Textinhalt 1 wiederzugeben; sie dürfen dabei ihren „Spickzettel" benutzen. Die jeweiligen Partner machen sich Notizen auf der Rückseite ihres „Spickzettels". Wenn der Lernpartner im Innenkreis fertig ist, darf der Partner aus dem Außenkreis Fragen stellen und den Inhalt anhand seiner Notizen nochmals rekapitulieren. Auf ein Zeichen werden die Positionen im Doppelkreis verändert; jetzt wiederholt der im Außenkreis Stehende, was er gerade gehört hat. Der „Experte" im Innenkreis bestätigt und berichtigt das Gesagte. Nun erläutert der Außenkreis mithilfe seines „Spickzettels" den Inhalt von Text 2. Die im Innenkreis stehenden Schüler machen sich Notizen. Nach einem weiteren Wechsel gibt der Innenkreis das Gehörte wieder. Diese Form der Textwiedergabe erfordert zwar eine hohe Konzentration, trägt aber zu einem erhöhten Textverständnis bei. Zur Einübung der Doppelkreisarbeit ist der Zeitansatz allerdings zu knapp bemessen.
Die letzte Drehkonstellation ist Ausgangspunkt für die Bildung der Zufallsgruppen: je zwei bzw. drei nebeneinander sitzende Paare bilden eine Mischgruppe für die **5. Arbeitsphase**.
Im **6. Arbeitsschritt** präsentieren ausgeloste Gruppen ihr Ergebnis. Eine Hälfte der Klasse beurteilt die Gestaltung des Lernplakats mithilfe des Bewertungsbogens im Lehrerheft LS 03.M1, S. 24. Die andere Gruppe schätzt die Präsentation anhand des Bewertungsrasters unter „Texte visualisieren und präsentieren" S 05, S. 27 ein.
Die Aufgabe 5 im Schülerheft bietet eine mögliche Fortsetzung der inhaltlichen Arbeit – als Hausaufgabe oder in einer Folgestunde. Hier ist die Recherchearbeit der Schüler im Internet denkbar.

LS 07 Tabellarische Darstellung erschließen und auswerten

		Zeit	Lernaktivitäten	Material	Kompetenzen
1	EA	5′	S betrachten und lesen Tabelle, unterstreichen unbekannte Begriffe und notieren in einem Satz, worüber die Tabelle Auskunft gibt.	S 07.1	- sprachlich angemessen vortragen - eigene Leseziele kennen - Informationen entnehmen - nicht lineare Texte auswerten - Textaussagen und Vorwissen verknüpfen - Nachschlagewerke heranziehen - Wortbedeutungen klären - aus Gebrauchstexten Schlussfolgerungen ziehen - informierende Textfunktion erfassen - in lesbarer Handschrift schreiben - den Schreibauftrag verstehen - einen Schreibplan entwickeln - adressatenbezogen schreiben - gedanklich geordnet schreiben - Fachbegriffe und Fremdwörter richtig schreiben - Produktempfehlung verfassen - Texte hinsichtlich Aufgabenstellung überprüfen - Texte überarbeiten - zielgerichtet arbeiten und kooperieren
2	PA	15′	In Zufallstandems tauschen sich S über das Thema der Tabelle aus und klären unbekannte Wörter mithilfe der Wörterliste und/oder bereitgestellter Nachschlagewerke. Sie notieren mindestens drei Fragen, die bei der Auswahl eines Gerätes aus ihrer Sicht eine wichtige Rolle spielen. S lösen mit dem Partner die Aufgaben zum Vergleich der Geräte im SH.	S 07.2, 3	
3	GA	15′	In Zufallsgruppen vergleichen S die von ihnen gestellten Fragen, ergänzen diese evtl. mit Fragen aus dem Vergleich und notieren sie auf einem Zusatzblatt. Sie beantworten, erläutern und korrigieren die Aufgaben zum Vergleich der Geräte im SH.	S 07.4 LS 07.M1	
4	PL	10′	Im Plenum werden die Fragen der S vorgestellt, an der Tafel gesammelt und eine mögliche Gewichtung diskutiert, d. h. welche Fragen/Antworten für eine Kaufentscheidung wichtig sind.		
5	GA	20′	Die Gruppe entscheidet sich für ein Modell aus der Tabelle. S schreiben einen (fiktiven) Artikel für die Schülerzeitung mit einer Produktempfehlung. Die an der Tafel gesammelten Fragen stellen eine mögliche Gliederung dar.	S 07.5	
6	PL	15′	Ausgeloste S tragen ihre Empfehlung im Plenum vor. Die jeweiligen Präsentationen werden in den einzelnen Gruppen reflektiert; jede Gruppe gibt ein Feedback. Leitfragen können sein: inhaltlicher Aufbau der Produktempfehlung, sprachliche Gestaltung, Vortrag.		

Erläuterungen zur Lernspirale

Ziel der Doppelstunde ist, dass sich die Schüler in einer Produktvergleichstabelle zurechtfinden, der Tabelle Informationen entnehmen, diese Informationen verarbeiten und gezielt zur Entscheidungsfindung heranziehen können.

Zum Ablauf im Einzelnen:
Der **1. Arbeitsschritt** dient der individuellen Beschäftigung mit dem Thema: Worüber gibt die Tabelle Auskunft? Welche Fakten kann ich ihr entnehmen? Was weiß ich über das Thema?
Im **2. Arbeitsschritt** tauschen Zufallspartner ihre ersten Überlegungen aus, klären unbekannte Begriffe und lösen gemeinsam die Aufgaben zum Vergleich der Geräte.
Im **3. Arbeitsschritt** werden in Zufallsgruppen die Lösungen verglichen. Anschließend wird diskutiert, welche Fragen vor der Anschaffung eines MP3-Players beantwortet werden müssen. Die Fragen werden notiert und im **4. Arbeitsschritt** an der Tafel gesammelt und gewichtet.
Im **5. Arbeitsschritt** beschäftigt sich die Gruppe nochmals intensiv mit den Kriterien der Tabelle und einigt sich auf ein Modell. Gemeinsam wird ein Schreibplan für dessen Empfehlung entwickelt. Je nach Leistungsstärke bieten sich, neben der oben genannten, verschiedene Vorgehensweisen an: Die Gruppe schreibt gemeinsam einen Entwurf oder jeder Schüler der Gruppe entwirft einen Text. Die Entwürfe werden in einer Schreibkonferenz überarbeitet und als Hausaufgabe sauber ins Heft eingetragen.
Die Präsentation erfolgt im **6. Arbeitsschritt**.

✓ Merkposten

Für die Bildung der Zufallspaare sind geeignete Losgegenstände vorzubereiten. Gleiches gilt für das Auslosen der Gruppensprecher.

Nachschlagewerke mit Multimediabegriffen sind von Vorteil.

LS 07.M1 Lösung

1	Welches Gerät hat die meisten Lücken in der Beschreibung?	1
2	Welches Gerät hat den größten Speicher?	3
3	Welches Gerät hat den größten Lieferumfang (Zubehör) ?	1
4	Welches Gerät ist eigentlich ein Speicher-Stick mit MP3-Funktion?	5
5	Bei welchem Gerät ist der Kaufpreis pro MB Speicher am höchsten?	5
6	Welches Gerät kann nicht als Diktiergerät benutzt werden?	5
7	Welches Gerät ist ein „Stromfresser"?	4
8	Welche Vergleichswertung verliert Gerät 1 ganz sicher?	Gewicht
9	Wie erklärt sich offensichtlich der niedrige Preis von Gerät 4?	kein Equalizer
10	Wie erklärt sich offensichtlich der höhere Preis von Gerät 3?	mehr Speicher

LS 08 Aus nicht linearen Texten Informationen entnehmen

		Zeit	Lernaktivitäten	Material	Kompetenzen
1	HA		Vorbereitende Hausaufgabe: S bearbeiten die Aufgaben 1, 2 zu Handy-Tarifen und 4, 5 zur Nutzung von Handys.	S 08.1, 2, 4, 5	- verständlich und sachangemessen reden - sachlich informieren - Gesprächsregeln einhalten - die eigene Meinung begründen - Informationen entnehmen - Informationen vergleichen - nicht lineare Texte auswerten - Diagramme bezeichnen - aus Gebrauchstexten Schlussfolgerungen ziehen - informierende Textfunktion erfassen - zielgerichtet arbeiten und kooperieren
2	GA	10'	S vergleichen in einem 4-Ecken-Gesprächszirkel die Ergebnisse der Hausaufgaben.	S 08.1, 2, 4, 5	
3	PA	15'	Mit einem Zufallspartner berechnen S die anfallenden Kosten für verschiedene Tarife und verbalisieren das Diagramm.	S 08.3, 6	
4	PL	15'	Im Plenum werden die Ergebnisse vorgestellt; S diskutieren Schwierigkeiten bei der Tarifauswahl. Die Handynutzungsarten in der Lerngruppe werden abgefragt und mit dem Diagramm verglichen.		

Erläuterungen zur Lernspirale

Ziel der Einzelstunde ist, dass Schüler Tabellen und Diagrammen Informationen entnehmen und diese in Worte fassen. Sie sollen die Informationen vergleichen, bewerten und selbständig Schlussfolgerungen entwickeln.

Sollte **Arbeitsschritt 1** nicht als vorbereitende Hausaufgabe erledigt werden, ist vom Zeitansatz eine Doppelstunde vorzusehen.

Zum Ablauf im Einzelnen:

In einer vorbereitenden Hausaufgabe orientieren sich die Schüler in der Handy-Tarif-Tabelle und notieren besondere Auffälligkeiten. Das Thema des Balkendiagramms zu benennen und die Angaben auf der x- und y-Achse zu bezeichnen, sind erste Verfahren zur Informationsentnahme.

Im **2. Arbeitsschritt** vergleichen die Schüler ihre Ergebnisse in einem 4-Ecken-Gesprächszirkel. Jeder Ecke des Raums wird eine Aufgabe (S 08.1,2,4,5) zugewiesen. Die Schüler entscheiden, in welcher Ecke sie beginnen. Sollten in dieser Phase Unklarheiten bei der Besprechung auftreten, die von den Schülern nicht selbständig gelöst werden können, ist im Anschluss eine Phase notwendig, in der die Aufgaben im Plenum besprochen werden.

Nach der Partnerarbeit erfolgt im **4. Arbeitsschritt** die Präsentation der Ergebnisse. Im Unterrichtsgespräch ziehen Schüler Schlussfolgerungen aus der Tabelle und dem Diagramm und verknüpfen die Informationen mit ihrem Vorwissen.

Lösung zu S 08.3, S. 16

	a)	b)	c)	d)
crazy.de	4,80 €	4,80 €	9,00 €	6,60 €
megatoll	10,50 €	7,50 €	37,50 €	5,40 €
easyfone	5,70 €	5,70 €	6,00 €	11,40 €

Notizen

LS 09 Aus nicht linearen und linearen Texten Informationen zusammenfassen

		Zeit	Lernaktivitäten	Material	Kompetenzen
1	HA		Vorbereitende Hausaufgabe: S lesen, markieren den Text und formulieren Ratschläge für Anja.	S 09.1	- Wortschatz erweitern - in vollständigen Sätzen sprechen - Sprechsituationen gestalten (Rollenspiel) - Beiträge anderer aufgreifen und weiterführen - themabezogen diskutieren - Informationen kritisch hinterfragen - Gesprächsregeln einhalten - Situationen szenisch darstellen - Informationen entnehmen - Informationen vergleichen - nicht lineare Texte auswerten - aus Gebrauchstexten Schlussfolgerungen ziehen - informierende Textfunktion erfassen - zielgerichtet arbeiten und kooperieren
2	PL	5′	Im Kettengespräch nennen S die Ratschläge.	S 09.1	
3	PA	10′	Im Tandem diskutieren S die Notwendigkeit eines Handys; sie notieren Gründe für einen Handybesitz.	S 09.2	
4	GA	20′	S erarbeiten in arbeitsteiliger Gruppenarbeit (Stammgruppe) je eine Rolle (Jugendlicher, Erziehungsberechtigter, Verkäufer) für ein Verkaufsgespräch.	S 09.3	
5	GA	10′	Aus den Stammgruppen werden Dreiermischgruppen gebildet; S proben das Verkaufsgespräch.	S 09.4	
6	PL	20′	Präsentation ausgeloster Rollenspiele im Plenum unter Beachtung der Beobachtungsaufträge; nach der jeweiligen Präsentation findet eine kurze Besprechungsrunde in den Gruppen statt, um die Rückmeldung vorzubereiten, danach erfolgt Feedback an die Rollenspieler.	S 09.5	
7	EA/ PL	15′	Nach einer kurzen Einzelarbeitsphase reflektieren S Funktion und Einsatz von Tabellen, Diagrammen und Texten im Plenum.		

Erläuterungen zur Lernspirale

✓ Merkposten

Für die Bildung der Zufallspaare und Zufallsgruppen sind geeignete Losgegenstände (Kartenspiel, Ziffernkarten o. Ä.) vorzubereiten.

In den Erläuterungen werden einzelne Arbeitsschritte nicht näher beschrieben, wenn diese bereits in der Tabelle umfassend dargestellt werden bzw. zusätzliche Hinweise nicht nötig sind.

Ziel der Doppelstunde ist, dass Schüler linearen Texten Informationen entnehmen und diese mit den Informationen der nicht linearen Texte aus LS 08 in Beziehung setzen. Sie ziehen Schlussfolgerungen und verknüpfen die Textaussagen mit eigenen Wissensbeständen.

Für die Durchführung dieser Lernspirale ist die Erarbeitung von LS 08 als Grundlage nötig. Nach Arbeitsschritt 4 kann eine Zäsur erfolgen. Die Präsentation der Rollenspiele, das Feedback und die Methodenreflexion können in einer weiteren Einzelstunde durchgeführt werden.

In leistungsstarken Lerngruppen kann die vorbereitende Hausaufgabe entfallen und als **1. Arbeitsschritt** im Unterricht ausgeführt werden.

Zum Ablauf im Einzelnen:

Zur Einstimmung formulieren die Schüler als **1. Arbeitsschritt** im Kettengespräch Ratschläge für Anjas Handynutzung.

Im **4. Arbeitsschritt** wird die Lerngruppe per Losentscheid in drei Großgruppen eingeteilt. Es empfiehlt sich, innerhalb der Großgruppen kleinere Neigungsgruppen zu bilden. Die Gruppen erhalten den Arbeitsauftrag, jeweils eine Rolle (Jugendlicher, Erziehungsberechtigter oder Verkäufer) für ein Verkaufsgespräch vorzubereiten. Wichtig ist, dass sich jeder Schüler Notizen macht, um für die Durchführung des Rollenspiels in Arbeitsschritt 5 Fragen, Antworten und Argumentationshilfen zur Verfügung zu haben.

Um im **5. Arbeitsschritt** Zufallsgruppen zu bilden, die jeweils alle drei Rollen vertreten, bietet sich folgendes Abzählverfahren an: In jeder Stammgruppe wird von 1–x durchgezählt. Die Schüler mit der Ziffer 1 bilden eine Dreiermischgruppe, mit der Ziffer 2 ebenfalls usw.

Vor der Präsentation der Rollenspiele muss der Beobachtungsauftrag geklärt werden (siehe S 09.5).

Im **7. Arbeitsschritt** erfolgt eine kurze Einzelarbeitsphase mit folgendem Arbeitsauftrag: *Begründe Vor- und Nachteile der Informationsentnahme aus Texten, Diagrammen und Tabellen.* Im Plenum wird dann die Funktion linearer und nicht linearer Texte reflektiert und deren Einsatz bewertet.

Hinweis: Die Zusatzaufgaben sind dem Bereich des kreativen Schreibens zuzuordnen und als Hausaufgabe einzusetzen.

LS 10 Übergreifende methodisch-inhaltliche Reflexion durchführen

		Zeit	Lernaktivitäten	Material	Kompetenzen
1	EA	10′	S lesen Fragebogen im SH, reflektieren die angeführten Arbeitstechniken und notieren, was sie sich merken müssen.	S 10.1	– sich verständlich und sachangemessen äußern – themabezogen diskutieren – nachfragen – Lerntipps weitergeben – Gesprächsregeln einhalten – zuhören – Informationen entnehmen – Zeit- und Arbeitsplan erstellen – Arbeitsschritte festlegen – Informationen ergänzen – strukturiert schreiben – Selbsteinschätzungen nutzen – Lernziele formulieren – Arbeitsaufträge korrekt umsetzen – zielgerichtet und kooperativ arbeiten
2	PA	15′	In Zufallstandems reflektieren Schüler ihre positive Lernarbeit und Schwierigkeiten. Für jeden Partner entwickeln sie gemeinsam einen „Trainingsplan" (Lernplan), aus dem ersichtlich wird, wie sie die Lücken aufarbeiten werden.	S 10.2	
3	GA	15′	In Zufallsgruppen werden die Trainingspläne vorgestellt und erläutert; hilfreiche Tipps anderer Gruppenteilnehmer für die Weiterarbeit werden übernommen.	S 10.3	
4	PL	10′	Im Plenum werden 2–3 Trainingspläne vorgestellt und kritisch begutachtet.		
5	GA	15′	S betrachten die Selbsteinschätzungen zu Beginn der Unterrichtsreihe. Sie diskutieren in der Gruppe, inwieweit ihre Einschätzungen der Realität entsprachen.	S 10.4	
6	PL	10′	Blitzlicht zur Unterrichtsreihe mit folgenden Satzanfängen: *Mir hat gut gefallen …, Mich hat gestört …, Ich habe gelernt …, Ich nehme mir vor …* In einer kurzen Besinnungsphase notieren S Stichpunkte zu einem Satzanfang.		

Erläuterungen zur Lernspirale

Ziel der Doppelstunde ist die Ausbildung von Reflexionskompetenz bei Schülern, die Übernahme von Verantwortung für das eigene Lernen sowie das Festlegen von Konsequenzen für das weitere Lernen.
Der Zeitansatz für diese Stunde ist großzügig bemessen. In Lerngruppen, die mit der Reflexionsarbeit noch nicht vertraut sind, besteht die Gefahr, dass zu oberflächlich reflektiert wird. Hier sollte der Lehrer gegensteuern.

Zum Ablauf im Einzelnen:
Im **1. Arbeitsschritt** reflektieren die Schüler, wie gut sie die genannten Arbeitstechniken beherrschen bzw. in welchen Bereichen sie noch Schwierigkeiten haben. In der Spalte „Das muss ich mir merken." können sowohl inhaltliche Aspekte als auch erste Gedanken für Übungsmöglichkeiten notiert werden.
Im **2. Arbeitsschritt** klären Schüler in Zufallstandems, welche Regeln, Tipps und Methoden sie gelernt haben. Wichtig ist, dass sie Schwierigkeiten erkennen und formulieren, um einen individuellen Trainingsplan erstellen zu können. In diesem sollen Schüler Aufgaben und Arbeiten planen und strukturieren und den nötigen Zeitbedarf dafür abschätzen. An dieser Stelle sollte ein überschaubarer Zeitrahmen mit den Schülern vereinbart werden. Vor dem Erstellen der Trainingspläne kann eine Plenumsphase erforderlich sein. Der Lehrer stellt an der Tafel einen möglichen Zeitplan und ein oder zwei konkrete Übungsaufgaben vor.
Im **3. Arbeitsschritt** kann es sinnvoll sein, pro Gruppe einen Trainingsplan auf Folie schreiben zu lassen, damit dieser im **4. Arbeitsschritt** im Plenum anschaulich vorgestellt und diskutiert werden kann. Wichtig ist, mit der Lerngruppe die Verbindlichkeit der Pläne zu besprechen und zu vereinbaren, wie die Lernfortschritte überprüft werden sollen.
Im **5. Arbeitsschritt** soll die Selbsteinschätzung, die zu Beginn der Lerneinheit stand, kritisch hinterfragt werden. Jeder Schüler schaut auf seinen Lernprozess zurück und erläutert das eigene Verhältnis zum Lernen. Als zusätzliche Impulse könnte die Gruppe reflektieren, wozu Lerneingangserhebungen gut sind und welche Rolle eine Rückschau auf den Lernprozess spielen kann.
Im **letzten Arbeitsschritt** erfolgt in einer Blitzlichtrunde ein Feedback zur Unterrichtsreihe.

✓ Merkposten

Für die Bildung der Zufallspaare und Zufallsgruppen sind geeignete Losgegenstände (Kartenspiel, Ziffernkarten o. Ä.) vorzubereiten. Gleiches gilt für das Auslosen der Gruppensprecher.

Für den 3. Arbeitsschritt leere Folien und Folienstifte bereitstellen.

Texte visualisieren und präsentieren

Der Lern- und Arbeitsprozess

A Vorwissen und Voreinstellungen aktivieren

Die Lernspiralen LS 01 und LS 02 bieten einen systematischen Einstieg, um das vorhandene Wissen und die Einstellungen zu den Unterrichtsaktivitäten „Präsentationsvorlagen erstellen" und „Arbeitsergebnisse präsentieren" zu erheben. Die Erkenntnisse aus diesen Lernspiralen sind für die weitere Arbeit und eine positive Einstellung der Schüler zum Lernprozess von großer Bedeutung.

LS 01 Eine Präsentationsvorlage beurteilen ▶ Auffälligkeiten zur Vorlage notieren ▶ Partnerberichte ▶ Fehlerlisten in Gruppen erstellen ▶ Optimierungsvorschläge entwerfen ▶ Vorschläge im Plenum vorstellen ▶ Gestaltungsregeln entwickeln

LS 02 Einen Lehrervortrag bewerten ▶ Anmerkungen zum Vortrag notieren ▶ Anmerkungen in Tandems austauschen ▶ Bewertung mit Begründungen in Gruppen erarbeiten ▶ Auswertung im Plenum durchführen ▶ Themenspeicher anlegen

B Neue Kenntnisse und Verfahrensweisen erarbeiten

Die Lernspiralen L 03 bis L 07 verlangen von den Schülern eine intensive Auseinandersetzung mit den Grundlagen des Visualisierens und Präsentierens. Damit diese sicher erfasst und angemessen gefestigt werden, gibt es häufig Gelegenheiten für die Schüler, die neuen Kenntnisse aktiv in den Lernprozess einzubringen und damit den Praxisbezug zu verdeutlichen.

LS 03 Visualisierungsregeln und Gestaltungselemente anhand von Sachtexten erarbeiten ▶ Texte lesen ▶ Inhalte in Tandems wiedergeben ▶ Text in Regeln umgestalten ▶ Ergebnisse in themengleichen Gruppen vergleichen ▶ Regeln hinterfragen und weiterentwickeln ▶ Plakate gestalten und mit Bewertungsbogen bewerten

LS 04 Präsentationsformen kennen lernen und erproben ▶ Erfahrungen mit Präsentationen im Unterricht notieren ▶ über die positiven und negativen Erfahrungen sprechen ▶ beim Lehrervortrag zu unterschiedlichen Präsentationsformen mitschreiben und sich in themengleichen Gruppen (gleiche Präsentationsform) austauschen ▶ spezifische Präsentationsvorlagen erstellen ▶ Präsentationen im Plenum halten ▶ Feedback zu Präsentationen geben

LS 05 Präsentationsregeln lernen und festigen ▶ Themenspeicher auswerten (vgl. LS 02) ▶ Regeln aufstellen und erproben ▶ Leitfaden in Mischgruppen erstellen ▶ Lernprodukte zu Fachthemen erstellen und präsentieren ▶ konstruktive Rückmeldungen geben ▶ Bewertungsbogen erproben und modifizieren

LS 06 Tabellen mit Hand und Computer erstellen ▶ Informationen aus Texten erfassen und in Tabellen umgestalten ▶ (Lehrer-)Vortrag zu Tabellen zusammenfassen ▶ Tabellen mit Word gestalten ▶ Zusatzaufgabe: Struktogramme mit Word gestalten

LS 07 Diagramme mit dem Computer erstellen ▶ Text lesen, Informationen aus Beispielen erfassen ▶ zu zweit grafische Muster entwickeln ▶ in Gruppen Daten in Diagrammformen umgestalten (mit und ohne Excel) ▶ Präsentation im Plenum

C Komplexe Anwendungs- und Transferaufgaben

In der Lernspirale LS 08 können die Schüler das erworbene Sach- und Methodenwissen nutzen, um komplexe Aufgaben weitgehend selbständig zu lösen. Die Aufgaben sind fachlich und methodisch anspruchsvoll, sodass sichtbar wird, ob die erworbenen Grundlagen angemessen angewendet und übertragen werden.

LS 08 Präsentationen erarbeiten, halten, bewerten und Beratungsgespräche führen ▶ Präsentationen zu Themen (Chatten, Computerspiele, Musik aus dem Internet, ...) als Hausarbeit ausarbeiten ▶ Präsentationen im Plenum halten und bewerten ▶ Bewertung mit Bewertungsbogen (vgl. LS 05) durchführen ▶ konstruktive Beratungsgespräche führen

*Die Lernspiralen enthalten Angaben zu Kompetenzen, die durch die Unterrichtsaktivitäten gefördert werden. Im Rahmen des Themas **Texte visualisieren und präsentieren** werden fachspezifische Kompetenzen (Deutsch) und fachübergreifende Kompetenzen (informationstechnische Grundbildung) vermittelt. In der Darstellung werden die informationstechnischen Kompetenzen mit dem Zusatz (ITG) gekennzeichnet.*

Abkürzungen und Siglen

LS = Lernspirale
LV = Lehrervortrag
EA = Einzelarbeit
PA = Partnerarbeit
GA = Gruppenarbeit
PL = Plenum
HA = Hausarbeit/Hausaufgabe

L = Lehrerin oder Lehrer
S = Schülerinnen und Schüler

In den Erläuterungen zur Lernspirale wird für Lehrerinnen und Lehrer bzw. für Schülerinnen und Schüler ausschließlich die männliche Form verwendet. Dabei ist die weibliche Form stets mitgemeint.

Hinweis zum Zeitansatz

Eine Lernspirale ist für 90 (45) Minuten konzipiert. In der Regel wird nicht die volle Unterrichtszeit verplant, sondern pro Lernspirale ein Zeitpuffer von 5-10 Minuten einkalkuliert (um aufzuräumen, organisatorische Alltagsgeschäfte zu erledigen oder Schülern ein Feedback zu geben).

Je nach Größe und Leistungsstärke der Lerngruppe muss der Zeitansatz, der im Stundenraster für jede Unterrichtsphase ausgewiesen ist, entsprechend angepasst werden.

LS 01 Eine Präsentationsvorlage beurteilen

		Zeit	Lernaktivitäten	Material	Kompetenzen
1	EA	5′	Die S betrachten die Vorlage / Folie kritisch und notieren, was ihnen an der Gestaltung auffällt. (Orientierung an den Begriffen: Schriftart, Farbe, Form, Anordnung der Elemente)	S 01.1 LS 01.M1	- Informationen zielgerichtet entnehmen, ordnen, prüfen, vergleichen und darstellen - sich sachlich und sprachlich angemessen mit Argumenten anderer auseinander setzen - den eigenen Standpunkt sachlich darlegen und begründen - die Bedeutung von Ober- und Unterbegriffen erfassen und zur Strukturierung von Inhalten nutzen
2	PA	5′	S tauschen ihre Anmerkungen in Tandems aus.	S 01.2	
3	GA	15′	S einigen sich in Gruppen (4 – 6 S) auf fünf wichtige Aspekte, die in der Vorlage nicht optimal gestaltet sind, und entwickeln Optimierungsvorschläge.	S 01.3	
4	PL	15′	Ein S pro Gruppe wird per Los als Sprecher ermittelt. Mehrere Gruppenergebnisse werden vorgetragen. Weitere Gruppen ergänzen.		
5	GA	30′	Die bestehenden Gruppen verarbeiten die Informationen aus der Plenumsphase zu ersten Gestaltungsregeln. Dazu erhalten sie Flip-Chart-Papier und Stifte.	S 01.4	
6	PL	10′	Ausgeloste Gruppenvertreter präsentieren ihre „Goldenen Regeln“. In der Reflexionsphase werden die erarbeiteten Regeln und die Präsentationsleistung in Beziehung gesetzt.		

Erläuterungen zur Lernspirale

Ziel der Doppelstunde ist es, eine erste sachliche Auseinandersetzung mit Präsentationsmaterial und Präsentationsvorlagen zu ermöglichen. Am Ende soll kein perfektes Plakat oder eine optimale Folie stehen. Es soll deutlich werden, dass die äußere Gestaltung wesentlichen Einfluss auf die Wahrnehmung durch die Zuschauer/Zuhörer hat. Das Präsentieren lernt man durch häufige Präsentationen und in der Auseinandersetzung mit Präsentationsleistungen. Deshalb wird am Ende behutsam eine Feedback-Kultur angebahnt.

Zum Ablauf im Einzelnen:
Im **1. Arbeitsschritt** liest der Lehrer den Folientext *Die beliebtesten Persönlichkeiten* vor. Anschließend betrachten die Schüler die dazugehörende Präsentationsvorlage in ihrem Schülerheft auf S. 21 (oder eine Farbkopie davon als Folie) (siehe auch die schwarz-weiße Präsentationsvorlage LS 01.M1). Die Vorlage ist bewusst nicht optimal gestaltet, sodass die Schüler Gelegenheit haben, kritisch damit umzugehen.
Im **3. und 4. Arbeitsschritt** können keine fertigen Lösungen erwartet werden. Im Plenumsgespräch ist darauf zu achten, dass die Schüler Argumente aus anderen Gruppen angemessen würdigen.
5. Arbeitsschritt: In dieser Arbeitsphase sollen bereits zielgerichtet Informationen und Gestaltungsmöglichkeiten in der eigenen Darstellung mit Flip-Chart-Bögen berücksichtigt werden. Die Schüler müssen wissen, dass die Umsetzung der erworbenen Kenntnisse für ihre Darstellung verbindlich ist. Nicht nur das „Was“ ist zu beachten, sondern das „Wie“ ist für eine angemessene Lösung wichtig.
Alternativ oder ergänzend kann die Aufgabe gestellt werden: *Gestaltet die Präsentationsvorlage neu.*
Im **6. Arbeitsschritt** kann in der Reflexionsphase eine erste Praxistauglichkeit erörtert werden. Im Zentrum des Plenumsgespräches stehen Fragen nach der konsequenten Umsetzung der „Goldenen Regeln“. Dabei dürfen nicht ausschließlich kritische Einschätzungen eingebracht werden.
Bewährt haben sich vorgegebene Satzmuster, die die Schüler verwenden müssen, um Kritik oder Anregungen einzubringen: *Positiv an deinem Vortrag fand ich …; Besser machen könnte man …* usw.

✓ Merkposten

Zur Entlastung und Unterstützung der Schüler kann die Vorlage für jeden kopiert oder auf Folie gebracht werden. Dadurch können die Schüler auf alle Aspekte gezielt zurückgreifen.

Für die Gruppenphase in Arbeitsschritt 5 sollten Flip-Chart-Bögen und Faserstifte (drei Farben) zur Verfügung stehen.

Für die Bildung der Zufallspaare und Zufallsgruppen sind geeignete Losgegenstände (Kartenspiel, Ziffernkarten o.ä.) vorzubereiten. Gleiches gilt für das Auslosen der Gruppensprecher.

In den Erläuterungen werden einzelne Arbeitsschritte nicht näher beschrieben, wenn diese bereits in der Tabelle umfassend dargestellt werden bzw. zusätzliche Hinweise nicht nötig sind.

LS 01.M1 Präsentationsvorlage: Die beliebtesten Persönlichkeiten

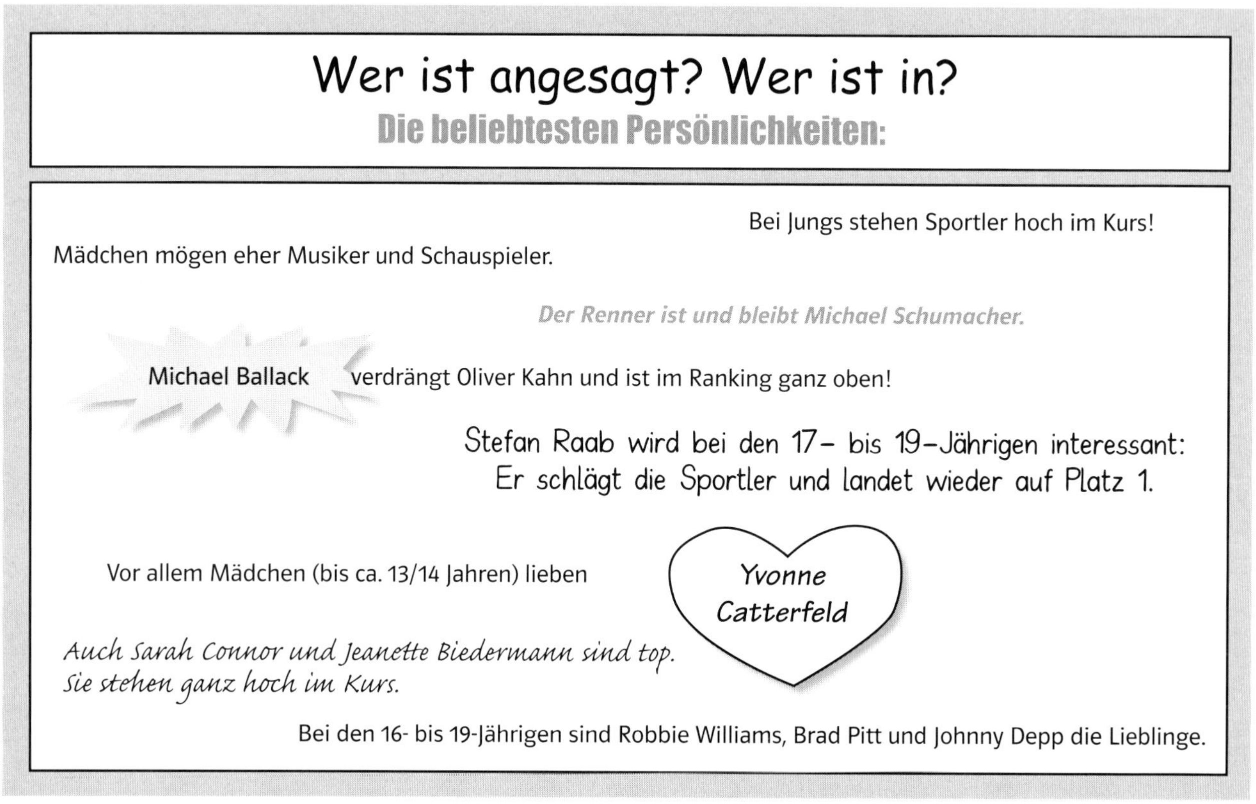

Die Präsentationsvorlage enthält mehrere Schwachpunkte:

- Zu viele unterschiedliche Formen (Herz, gezackte Fläche, gebogene Schrift (WordArt)
- Zu viele verschiedene Schriftarten
- Farben ohne durchgehenden inhaltlichen Bezug
- Keine erkennbare grafische Struktur
- Keine erkennbare inhaltliche Struktur

Daraus ergibt sich: Die Vorlage wirkt unruhig, sie bietet dem Auge keine Führung und besitzt nur einen geringen Informationswert.

Arbeitsauftrag zu Arbeitsschritt 5: Entwickelt ein Plakat zum Thema „Goldene Regeln für Präsentationsvorlagen". Dabei können die Begriffe Schriftart, Schriftfarbe, Schriftgröße, Gestaltungselemente einbezogen werden.
Hinweis: Bei der Besprechung der Plakate steht im Vordergrund, inwieweit bei der Gestaltung der Plakate die Regeln berücksichtigt wurden.

LS 02 Einen Lehrervortrag bewerten

		Zeit	Lernaktivitäten	Material	Kompetenzen
1	LV/EA	10′	S lesen den Informationstext im Schülerheft und hören danach den Lehrervortrag, notieren Schwächen und Fehler, die sich im Wesentlichen im Verhalten des Vortragenden finden.	LS 02.M1 S 02.1	- Informationen auswerten - gezielt Fragen zu Gehörtem stellen - Diskussionsregeln akzeptieren und einhalten - artikuliert und verständlich reden - Kurzreferate frei vortragen - längere Redebeiträge innerhalb einer kooperativen Präsentation leisten - die Bedeutung von Ober- und Unterbegriffen erfassen und zur Strukturierung von Inhalten nutzen
2	PA	10′	S tauschen sich in Partnerarbeit über den LV aus, notieren, welche Schwächen und Fehler sie beobachtet und festgestellt haben.	S 02.2	
3	GA	20′	S einigen sich in Gruppen (4–6 S) auf eine Bewertung des Lehrervortrages. Dazu entwickeln sie eine gemeinsame Begründung; abweichende Einschätzungen sind mit Begründung möglich. Fehler und Schwächen werden auf Karten übertragen.	S 02.3	
4	GA/PL	15′	Ein S pro Gruppe wird per Los als Sprecher ermittelt. Mehrere (3) Gruppenergebnisse werden vorgetragen (Karten zur Unterstützung). Weitere Gruppen ergänzen.	S 02.4	
5	PL	10′	In der zweiten Phase des Plenumsgesprächs wird zusammengetragen, wie man sich beim Vortragen richtig verhält.		
6	EA/PL	15′	Ausgewählte / ausgeloste S notieren die Ergebnisse auf Plakaten / Pinnwand. Ein Themenspeicher wird angelegt. S übertragen Ergebnisse in ihr Heft.	S 02.5	
	HA		Alle S fassen in EA die Ergebnisse zusammen und entwickeln Vortragsregeln.		

Erläuterungen zur Lernspirale

Ziel der Doppelstunde ist es, die wichtigsten körpersprachlichen Aspekte eines gelungenen Vortrages bewusst zu erfassen, Konsequenzen für eigene Vortragssituationen abzuleiten und in konkrete Handlungen umzusetzen.

Zum Ablauf im Einzelnen:

1. Arbeitsschritt: In einem bewusst schwachen, mit Fehlern behafteten Vortrag demonstriert der Lehrer mehrere Fehler, die beim Vortragen nicht auftreten sollten.

Alternative: Der Lehrervortrag kann durch einen vorbereiteten Schülervortrag ersetzt werden. Dazu können Schüler herangezogen werden, die nicht in eine Clown-Rolle verfallen und mit Distanz agieren können. Es stellt eine große Herausforderung für besondere Schüler dar, durch eine gute Leistung – hier einen schlechten Vortragsstil – ihre Souveränität zu zeigen.

Zur Vorbereitung können die Schüler – auch als Hausaufgabe – den Informationstext im Schülerheft lesen. Er enthält einige Grundlagen zum Verhalten bei Vorträgen und Präsentationen. Damit können Schüler, die noch wenig Erfahrung auf diesem Gebiet haben, die Aufgaben erledigen und die richtigen Erkenntnisse für sich ableiten.

3. Arbeitsschritt: In der Gruppenphase soll keine gemeinsame Bewertung erzwungen werden. Vielmehr ist hier wichtig, dass die Schüler ihre persönliche Position darlegen und mit Argumenten absichern. Sollte kein gemeinsames Urteil entstehen, sind die wichtigsten Argumente für die jeweilige Einschätzung im Plenum einzubringen.

4. Arbeitsschritt: In dieser Unterrichtsphase wird aus der Reproduktion der Beobachtungsergebnisse ein Transfer geleistet. Beiträge mit strukturierendem Charakter sind zu stützen, rein reproduktive Aspekte werden abgelehnt.

5. Arbeitsschritt: Es ist wichtig, in dieser Phase Zwischenergebnisse festzuhalten (Schlüsselbegriffe/Obergriffe verwenden). Im weiteren Verlauf der Lernspirale werden immer wieder Vortragssituationen geschaffen, die mit den ersten Ergebnissen verglichen werden können. Mit diesem Rückgriff auf Arbeitszwischenstände wird den Schülern bewusst, dass sie für die Qualität der Arbeit mitverantwortlich sind, ihre Beiträge einen Wert besitzen.

✓ Merkposten

Für die Bildung der Zufallspaare und Zufallsgruppen sind geeignete Losgegenstände (Kartenspiel, Ziffernkarten o. Ä.) vorzubereiten. Gleiches gilt für die Auswahl der Gruppensprecher.

Karten (mind. DIN-A6) zur Aufnahme der Schülerergebnisse sind bereitzustellen. Ebenfalls benötigt werden Papierbögen und Moderationskarten (Präsentation Plakat/Pinnwand).

LS 02.M1 Anleitung für einen schwachen Vortrag

Für den bewusst schwachen Vortrag soll die körpersprachliche Komponente der Vortragssituation in den Mittelpunkt gerückt werden. Mann kann als Präsentationsvorlage die Mind-Map „Speichern und Reproduzieren" benutzen. Eine weitere Möglichkeit wäre die Mind-Map auszudrucken und als Folie zu projizieren oder in Form einer Moderationskarte für einen Vortrag ohne Visualisierung zu verwenden. Der Vortrag soll gezielt Schwächen und Fehler enthalten. Folgende „Fehler" können eingebaut werden:

- schlagartiger Einstieg ohne Einleitung in das Thema
- sprunghafte Bearbeitung der einzelnen Themenschwerpunkte (Äste der Mind-Map)
- Hin- und Herspringen zwischen einzelnen Punkten
- unruhige Körpersprache
- ständiges Bewegen der Füße
- überreiche Motorik der Arme
- unsichere Motorik, Festhalten der Hände am Hosensaum, Hände in den Taschen
- Sprechen zur Projektionsfläche mit dem Rücken zur Klasse (Folienpräsentation)
- fester Blick auf nur wenige Schüler
- Fixieren eines einzelnen Schülers
- saloppe Sprache: *Keine Ahnung, weiß nicht genau, habe mir so gedacht, ich soll das Thema vorstellen …*
- Ende des Vortrages ohne klaren Einschnitt: *Bin jetzt eigentlich fast fertig, viel mehr fällt mir eigentlich nicht ein …*

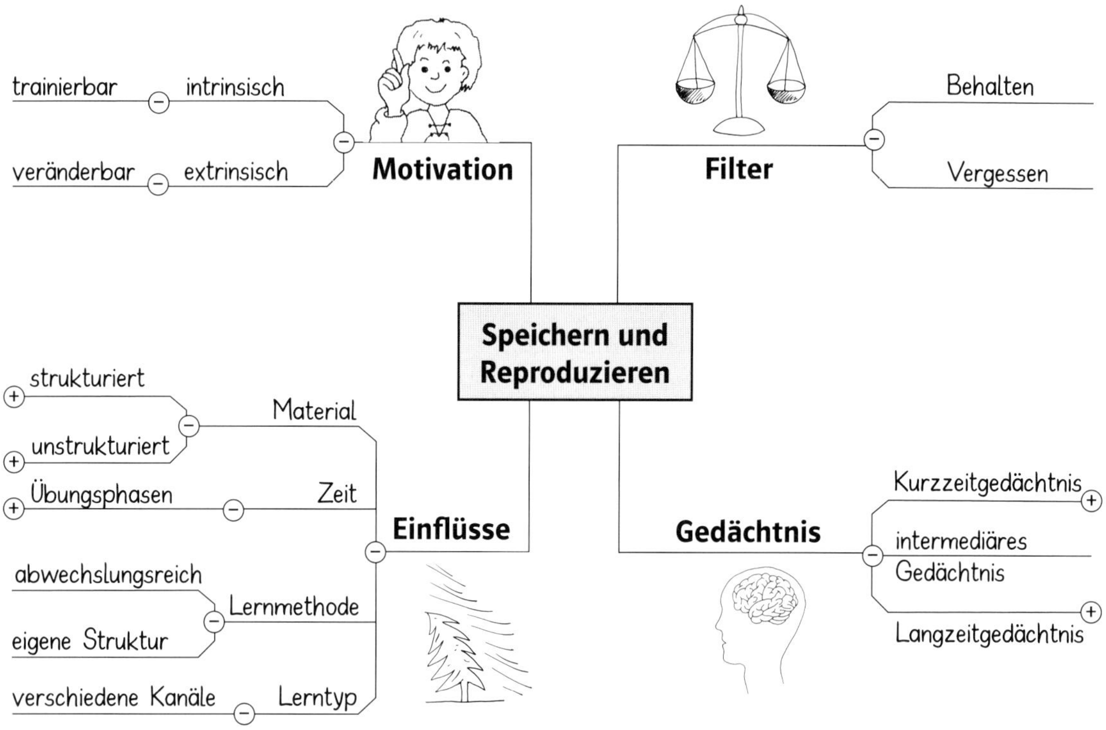

Formulierungshilfen für einen schwachen Vortrag:

Ich soll über das Gedächtnis sprechen. Dabei gibt es auch Filter und viele Einflüsse, wie so was funktioniert. Also, es wird vom Gehirn entschieden, was ist wichtig, was nicht. Das ist der Filter. Ja, … zum Gedächtnis kann ich sagen, also da gibt es …

LS 03 Visualisierungsregeln und Gestaltungselemente anhand von Sachtexten erarbeiten

		Zeit	Lernaktivitäten	Material	Kompetenzen
1	EA	10′	Die S bearbeiten unterschiedliche Sachtexte zur Visualisierung und Gestaltung. Insgesamt gibt es vier verschiedene Texte im Schülerheft.	S 03.1	- Informationen auswerten, unterstreichen, Schlüsselbegriffe suchen, Überschriften finden, gliedern - Strategien zur Überarbeitung von Texten anwenden - die eigenen Argumente sinnvoll strukturieren und präzise darstellen - Kurzreferate frei vortragen - Inhalte, Sprache und Form von Texten, Grafiken und Tabellen reflektieren und bewerten (ITG) - sich sachlich und sprachlich angemessen mit Argumenten anderer auseinander setzen - eine begründete Stellungnahme abgeben
2	GA	25′	S vergleichen in themengleichen Gruppen (4 - 6 S) ihre Arbeitsergebnisse. Danach gestalten sie ihren Text gemeinsam in vorläufige Regeln um.	S 03.2	
3	PL	15′	Ein S pro Gruppe wird per Los als Sprecher ermittelt. Die Gruppenergebnisse werden vorgetragen (bei Doppelbesetzung: Los). Nicht vortragende Gruppen ergänzen. Die Regeln werden diskutiert.		
4	GA	20′	Die S entwickeln in ihren Gruppen Regelplakate. Dabei berücksichtigen sie die Visualisierungsregeln und Gestaltungselemente.	S 03.3	
5	PL	10′	Die Gruppen hängen ihre Plakate auf. In einem Museumsrundgang besprechen die S die Arbeitsergebnisse. Dazu verwenden sie den Plakatbewertungsbogen (siehe LS 03.M1).	LS 03.M1	
	HA		Die S übertragen die erarbeiteten Regeln, indem sie den Inhalt eines Sachtextes auf einer Folie zusammenfassen.		

Erläuterungen zur Lernspirale

Ziel der Doppelstunde ist, handwerkliche Grundlagen zur Gestaltung von Plakaten, Folien und Präsentationsmaterialien zu erarbeiten. Dazu sollen die Schüler keine fertigen Anleitungen nachvollziehen, sondern selbsttätig Informationen aus Texten entnehmen und konstruktiv ihre eigenen Vorstellungen mit Hand und Kopf entwickeln und umsetzen. Wenn auch einzelne Informationen schlicht erscheinen, in der Praxis haben sich diese Grundlagen bewährt und ausgezahlt.

Zum Ablauf im Einzelnen:

1. Arbeitsschritt: Die vier Textbausteine (Gestaltungselemente einer Präsentation, Visualisieren mit Text und Filzstiften, Informationsträger einer Präsentation, Tabellen und Diagramme, siehe S 03, S. 23/24) werden von verschiedenen Gruppen bearbeitet.

2. Arbeitsschritt: Über Gruppenarbeit entstehen aus den Informationen zum jeweiligen Thema erste Regeln. Diese Regeln besitzen vorläufigen Charakter. Sie werden später konkretisiert und sprachlich eindeutig formuliert.

3. Arbeitsschritt: Im Plenumsgespräch ist darauf zu achten, dass die vorgetragenen Regeln sprachlich eindeutig sind. Ebenso ist in dieser Phase darauf hinzuweisen, dass bei der Erstellung der Regelplakate im **4. Arbeitsschritt** die Informationen aus den Texten gemäß der Visualisierungsregeln angewendet und die Gestaltungselemente angemessen eingesetzt werden.

5. Arbeitsschritt: Für den Museumsrundgang werden Querschnittgruppen gebildet, die sich aus Fachleuten zusammensetzen, die jeweils ihr Plakat erklären können. Die Nicht-Fachleute jeder Gruppe sprechen zuerst über das Plakat. Danach erläutert das Gruppenmitglied, das das Plakat miterstellt hat, seine Ideen.

Zur differenzierten Besprechung der Qualität der Plakate können die Schüler Klebepunkte auf das Plakat kleben, das ihnen am besten gefallen hat. In der Auswertung können Qualitätskriterien besprochen werden (Einsatz der Gestaltungselemente, Umsetzung der Visualisierungsregeln).

Eine Hausaufgabe zur Umsetzung und Festigung der erworbenen Regeln kann darin bestehen, einen Sachtext in eine Folie/Präsentationsvorlage umzusetzen und dabei die Visualisierungsregeln anzuwenden.

Eine konkrete Anwendung dieser Fertigkeiten bietet sich bei den Lernspiralen LS 05 und LS 06 im ersten Teil des Heftes „Sach- und Gebrauchstexte nutzen“ an.

✓ Merkposten

Für die Bildung der Zufallspaare und Zufallsgruppen sind geeignete Losgegenstände (Kartenspiel, Ziffernkarten o. Ä.) vorzubereiten. Gleiches gilt für die Auswahl der Gruppensprecher.

Klebepunkte ausgeben: Es hat sich bewährt, pro S zwei Klebepunkte zu verteilen, da jeder so zweimal seine Meinung abgeben kann und die gelungensten Plakate somit eindeutig festgestellt werden können.

Plakat/Flip-Chart-Papier. Stifte, Moderationskarten und Aufhängungsmaterial (Tesakrepp oder Magnete für Plakatpräsentation an Tafel oder Pinnwand) bereitstellen.

LS 03.M1 Plakatbewertung

		Schüler/Gruppe	Schüler/Gruppe	Schüler/Gruppe	Schüler/Gruppe
1	**Gliederung/Aufteilung**				
	klarer Aufbau				
	Überschriften hervorgehoben				
	Inhalte richtig eingeordnet				
2	**Inhalt**				
	Inhalt richtig				
	Informationen vollständig				
	Informationen objektiv				
3	**Gestaltung/ Layout**				
	gute Platzaufteilung				
	deutlich lesbare Schrift				
	kreative Formen (Texte, Bilder, Farben, grafische Elemente)				
4	**Rechtschreibung**				
	fehlerfrei/viele Fehler				
5	**Anmerkungen zu Schüler/Gruppe**				
6	**Punkte gesamt**				

Für die Beurteilung steht euch eine Skala von 0 bis 5 Punkten zur Verfügung. Orientiert euch an folgenden Zuordnungen:
5 Punkte = voll erfüllt, **3** Punkte = angemessen bearbeitet, **0** Punkte = nicht erfüllt

LS 04 Präsentationsformen kennen lernen und erproben

		Zeit	Lernaktivitäten	Material	Kompetenzen
1	EA	5′	Die S notieren ihre Erfahrungen mit (Lehrer- und Schüler-) Präsentationen im Unterricht.	S 04.1	- eine begründete Stellungnahme abgeben - wichtige Beiträge in Stichworten zusammenfassen und explizit auf andere Argumente und Meinungen eingehen - Schlüsselbegriffe suchen, Überschriften finden, gliedern - gezielt Fragen zu Gehörtem stellen - die eigenen Argumente sinnvoll strukturieren und präzise darstellen - gezielt Informationen aus Texten, Bildern, Tabellen und Grafiken entnehmen und in eigenen Worten wiedergeben - analytische sowie handlungs- und produktionsorientierte Formen mit Texten anwenden - längere Redebeiträge innerhalb einer kooperativen Präsentation leisten
2	GA	15′	In Zufallsgruppen (4 – 6 S) tauschen sich die S über ihre Erfahrungen aus und formulieren ein positives und ein negatives Beispiel.	S 04.2	
3	PL	15′	Zwei Gruppen (Sprecher und Gruppe per Los ermitteln) stellen ihre Beispiele vor. Ein per Los bestimmter zusätzlicher S notiert Schlüsselwörter zu den Beispielen an der Tafel. Weitere Hinweise aus den Gruppen werden ergänzt und notiert.	S 04.3	
4	LV/ EA	10′	In einem kurzen Beitrag fasst der L die Besonderheiten zusammen und leitet zu einem Lehrervortrag über. Die S notieren, welche Informationen der L zu den Präsentationen mit Plakat, Folie und Pinnwand vorträgt.	LS 04.M1 S 04.4	
5	GA	20′	In themengleichen Gruppen (gleiche Präsentationsform) tauschen sich die S über ihre Mitschriften aus und erstellen eine Präsentationsvorlage, die ihrer Präsentationsform entspricht (also eine Folie zum Thema: Wie präsentiere ich mit einer Folie?; ein Plakat zum Thema: Wie präsentiere ich mit einem Plakat? und eine Pinnwand zum Thema: Wie präsentiere ich mit einer Pinnwand?)	S 04.5, 6	
6	PL	20′	Ausgewählte Gruppen präsentieren ihre Arbeitsergebnisse. Die Zuhörer geben konstruktive Rückmeldungen.	S 04.7	
	HA		Ausgewählte S optimieren ihre Vorlagen in einer HA und stellen sie zu Beginn der nächsten Stunde vor.		

Erläuterungen zur Lernspirale

Ziel dieser Doppelstunde ist, die erworbenen Kenntnisse aus der Lernspirale LS 03 zu festigen und mit neuen Informationen und Kenntnissen zu vervollständigen. Die handlungsorientierten Aufgaben insbesondere im 5. und 6. Arbeitsschritt führen zur Kompetenz, die Qualität von Informations- und Medienangeboten zu beurteilen.

Zum Ablauf im Einzelnen:

1. Arbeitsschritt: Vorträge und (Kurz-)Präsentationen gehören zum Schulalltag. Eine gezielte Reflexion dieser Situationen wird selten oder nie durchgeführt. Dennoch haben die Schüler ihre persönlichen Eindrücke, die hier thematisiert werden sollen.
Mit dem Halten des Lehrervortrags im **4. Arbeitsschritt** kommt es zu inhaltlichen Wiederholungen (vgl. LS 03/1. Arbeitsschritt). Sie werden bewusst eingebaut, um eine sichere Basis für kommende komplexe Aufgaben zu schaffen.

Im **5. Arbeitsschritt** können und sollen die Gruppenthemen (sie entsprechen den Präsentationsformen) doppelt besetzt werden. Bei der Präsentation der Arbeitsergebnisse sollte aber nur ein Gruppenergebnis vorgestellt werden. Die Plakate werden aufgehängt und die Folien werden gezeigt.
Im **6. Arbeitsschritt** soll in der Reflexionsphase eine erste Praxistauglichkeit erörtert werden. Dabei dürfen nicht ausschließlich kritische Einschätzungen eingebracht werden. Bewährt haben sich vorgegebene Satzmuster: *Positiv an deinem Vortrag fand ich …; Besser machen könnte man…* usw.
Hinweis: Es bietet sich an, Aufgaben und Texte aus dem vorderen Heftteil „Sach- und Gebrauchstexte nützen“ mit der Lernspirale „Präsentationsformen kennen lernen und erproben“ zu kombinieren.

In den Erläuterungen werden einzelne Arbeitsschritte nicht näher beschrieben, wenn diese bereits in der Tabelle umfassend dargestellt werden bzw. zusätzliche Hinweise nicht nötig sind.

✓ Merkposten

Für die Bildung der Zufallspaare und Zufallsgruppen sind geeignete Losgegenstände (Kartenspiel, Ziffernkarten o. Ä.) vorzubereiten. Gleiches gilt für die Auswahl der Gruppensprecher.

Plakat/Flip-Chart-Papier, Stifte, Moderationskarten und Aufhängungsmaterial (Tesakrepp oder Magnete für Präsentationen an Tafel oder Pinnwand) Folien, Folienstifte und Overhead-Projektor bereitstellen.

LS 04.M1 Lehrervortrag

Der Lehrervortrag (Formulierungsvorschlag!) stellt eine Zusammenfassung der Unterrichtsinhalte und Arbeitsergebnisse der letzten Stunden dar. Die Schüler werden durch den Vortrag angeregt, die erworbenen Kenntnisse in übergeordnete Zusammenhänge zu stellen.

*Wir beschäftigen uns mit dem **Thema Präsentation**. Dazu habt ihr **fehlerhafte Präsentationsvorlagen** untersucht. Ihr habt **überzeugendes und weniger überzeugendes Auftreten von Vortragenden** während einer Präsentation beobachtet und bewertet. Außerdem habt ihr erarbeitet, wie **gute Visualisierungen mit verschiedenen Präsentationsformen** erstellt werden.*
An der Tafel finden sich zum Thema Präsentation positive und negative Beispiele, die ihr in der Schule erlebt habt (auf Beispiele eingehen: nicht lesbare Folien, ...). Ziel soll es sein, die positiven Erfahrungen systematisch zu stärken und eure Präsentationen zu optimieren.
Ich fasse nun wichtige Punkte aus unserer Unterrichtsarbeit zusammen. Eure Aufgabe ist es, diese Punkte zu notieren. Nach dem Vortrag werdet ihr in Gruppen meisterhafte Präsentationsvorlagen entwickeln und diese überzeugend präsentieren.

***Grundlage** jeder Präsentation ist ein gut erarbeiteter **Inhalt**. Ihr müsst genau wissen, worüber ihr sprecht, was die übergeordneten und die untergeordneten Gedanken und Inhalte zu eurem Thema sind. Wenn euch der Inhalt klar ist, könnt ihr Überlegungen anstellen, wie ihr euer Wissen anderen vermittelt. Dazu gibt es verschiedene **Präsentationsmedien und Präsentationsvorlagen**. Ihr habt einige kennen gelernt. Ich werde sie noch einmal kurz benennen und ihre Stärken und Schwächen beschreiben.*

*Eine der eindrucksvollsten, aber auch aufwändigsten Formen ist die **Präsentation mit Computer und Beamer.** Dabei muss man eine Vorlage im Computer erstellen. Am häufigsten werden die Programme PowerPoint und OpenOffice.org Impress verwendet. Der große Vorteil dieses Präsentationsmediums liegt darin, dass alle Betrachter das Dargestellte sehr gut sehen können. Mit sparsam eingesetzten Bildern und Effekten lässt sich der Inhalt anschaulich und unterhaltsam visualisieren. Eine große Gefahr liegt darin, dass zu viele Effekte eingesetzt werden und damit der Inhalt in den Hintergrund gerät. Am Ende erinnert man sich zwar an viele Effekte und Animationen, aber vom Inhalt ist wenig haften geblieben. Für die PowerPoint-Folie gilt, was für alle Folien gilt: wenig Text verwenden. Die Folien sparsam mit Inhalt füllen. Besser ist es, mehrere Folien einzusetzen, als vieles auf eine Folie zu quetschen. Vorsicht mit der Technik! Man muss sicherstellen, dass am Tag der Präsentation alles da ist und funktioniert. Ein Probelauf unter realen Bedingungen ist daher unbedingt durchzuführen.*

*Der Präsentation mit Beamer am nächsten kommt eine **Präsentation mit einem Overhead-Projektor**. Auch hier werden Folien gestaltet. Das kann von Hand, aber auch mit dem Computer geschehen. Eine Overhead-Folie darf nur wenige Elemente (Profis sagen, maximal **sieben Informationsbausteine**) wie Bilder, Überschriften usw. enthalten. Es gibt die Möglichkeit, mehrere Folien so zu gestalten, dass man sie während der Präsentation übereinander legt und mit jeder Folie neue Elemente an der Projektionsfläche zusammenwachsen.*
Es ist wichtig, das Auge der Zuschauer zu führen. Man legt eine Büroklammer oder einen Stift auf den Bereich der Folie, über den man gerade spricht. Unbedingt zu vermeiden ist, dass die Hände zwischen Folie und Projektionslampe hin- und herwandern. Das führt sonst zu großer Unruhe.
Ein großer Vorteil von Präsentationen mit Beamer und dem Overhead-Projektor liegt darin, dass die Präsentationsvorlagen leicht zu kopieren und zu verteilen sind.

*Viel „Handarbeit" erfordert die **Präsentation mit Plakaten**. Das gilt für Flip-Chart-Bögen wie für Wandplakate. Ihre Stärken liegen darin, dass sie ohne Geräte überall erstellt werden können. Sie können zu Hause vorbereitet und in der Schule weiterentwickelt werden. Auch während der Präsentation kann man spontane Ergänzungen vornehmen. Bei Plakatpräsentationen muss die Schrift groß und gut lesbar sein. Der Vortragende stellt sich neben das Plakat und wendet den Zuhörern nicht den Rücken zu.*

*Oft unterschätzt, aber eindrucksvoll, sind **Präsentationen mit Pinnwänden**. Mit so genannten Moderationsmaterialien – wie Moderationskarten, Rechtecken, Kreisen und Pfeilen – lassen sich gut sichtbare Strukturen entwickeln. Der Vorteil dieser Form liegt darin, dass lebendige Präsentationen entstehen, wenn mehrere Personen abwechselnd sprechen. Unbedingt zu beachten ist: Die beschrifteten Elemente – Karten, Kreise usw. – erst anstecken, drehen und dann sprechen. Merkregel: t – t – t: touch, turn, talk oder s – d – s: stecken, drehen, sprechen!*

LS 05 Präsentationsregeln lernen und festigen

		Zeit	Lernaktivitäten	Material	Kompetenzen
1	LV	5′	Der L erläutert in einem kurzen Vortrag das Ziel der Stunde und knüpft an Arbeitsergebnisse an (Themenspeicher). Er erinnert an sprachliche Gestaltung, Körpersprache und Verwendung von Präsentationsmaterial als wesentliche Kriterien eines gelungenen Vortrags.	Themenspeicher aus S 02.5	- wesentliche Mittel unterscheiden, welche die mündliche Kommunikation beeinflussen (Gestik, Mimik, Stimme) - artikuliert und verständlich reden - sachlich und fair mit den Argumenten anderer umgehen - die eigenen Argumente sinnvoll strukturieren und präzise darstellen - Kurzreferate frei vortragen - anhand elementarer Kriterien eine Präsentation beurteilen (ITG) - aufmerksam zuhören, Sprechabsichten erkennen - sach-, situations- und adressatenbezogen auf andere eingehen
2	GA	10′	In Zufallsgruppen (4 - 6 S) tauschen sich die S über ihre bisherigen Präsentationserfahrungen aus und einigen sich auf erste regelhafte Formulierungen. Dabei können sie die Kriterien für einen guten Vortrag - mit Begründung - variieren.	S 05.1	
3	GA	15′	In Mischgruppen erarbeiten die S „Regeln für eine gelungene Präsentation". Das Ergebnis notieren sie in Stichwörtern. Dazu müssen sie sich auf gemeinsame Kriterien verständigen.	S 05.2	
4	GA	20′	Jede Gruppe erstellt eine Präsentationsvorlage. Dazu werden Präsentationsformen (Folie, Plakat, Pinnwand) zugelost (Doppelbesetzung).	S 05.3	
5	EA/ PL	15′	Drei Gruppensprecher (Plakat, Pinnwand, Folie) präsentieren ihren Leitfaden. Die Zuhörer erhalten eine Kopie des Bewertungsbogens und füllen diesen nach jeder Präsentation aus.	S 05.4 Bewertungsbogen Schülerheft, S. 27	
6	PA	10′	S tauschen ihre Einschätzungen aus und einigen sich auf eine gemeinsame Rückmeldung an die Präsentatoren.	S 05.5	
7	PL	10′	S geben Rückmeldung; dabei sollen sie auf die jeweilige Präsentationsform eingehen. Im Plenumsgspräch werden die positiven Entwicklungen im Präsentationsverhalten gewürdigt. Einschätzungen zu Stärken und Schwächen des Bewertungsbogens werden ausgetauscht.	S 05.6	

Erläuterungen zur Lernspirale

Ziel dieser Doppelstunde ist, weitere Präsentationserfahrungen zu sammeln, Kenntnisse zu festigen und mit den Schülern Kriterien für eine transparente Bewertung zu erproben und weiterzuentwickeln.

Zum Ablauf im Einzelnen:

Arbeitsschritt 1: Der Lehrervortrag sollte deutlich herausstellen, dass nicht nur die Vorbereitung und Durchführung von Präsentationen, sondern nun auch die Bewertung in den Mittelpunkt rückt.
In der LS 02 („Einen Lehrervortrag bewerten") wurde in Arbeitsschritt 6 ein Themenspeicher angelegt. Die Ergebnisse können hier herangezogen werden. Diese Verknüpfung verdeutlicht den Schülern übergeordnete inhaltliche Zusammenhänge der Unterrichtsarbeit und zeigt, dass Schülerprodukte wesentlicher Bestandteil des Unterrichts sind. Alternativ können die Schüler aufgefordert werden, ihre Vorstellung von einer gelungenen Präsentation zu notieren. Zur Strukturierung sollten Kriterien vorgegeben werden (Körpersprache, Blickkontakt, Präsentationsmaterial, ...).

Arbeitsschritt 2: In den Lernspiralen „Eine Präsentationsvorlage beurteilen" (LS 01) und „Präsentationsformen kennen lernen und erproben" (LS 04) haben die Schüler Präsentationserfahrungen gesammelt. Jetzt geht es darum, aus Erfahrungen und Informationen verlässliche Regeln zu entwickeln.

Arbeitsschritt 5: Es ist wichtig, dass die Schüler den Bewertungsbogen <u>nicht</u> während der Präsentation ausfüllen.

Methodischer Hinweis: Zuerst den Bogen im Schülerheft S. 27 genau lesen lassen, um eine Sensibilisierung für die Beobachtungsschwerpunkte zu erreichen, und dann umdrehen. Kurze Notizen sind erlaubt. Erst nach der Präsentation werden die kopierten Bögen ausgefüllt!

Arbeitsschritt 6: Die Rückmeldungen müssen auf die Präsentationsformen eingehen. Das in LS 04 erworbene Wissen soll hier einfließen.

In den Erläuterungen werden einzelne Arbeitsschritte nicht näher beschrieben, wenn diese bereits in der Tabelle umfassend dargestellt werden bzw. zusätzliche Hinweise nicht nötig sind.

✓ Merkposten

Für die Bildung der Zufallspaare und Zufallsgruppen sind geeignete Losgegenstände (Kartenspiel, Ziffernkarten o. Ä.) vorzubereiten. Gleiches gilt für die Auswahl der Gruppensprecher.

Plakat/Flip-Chart-Papier, Stifte, Moderationskarten und Aufhängungsmaterial (Tesakrepp oder Magnete für Plakatpräsentation an Tafel oder Pinnwand) Folien, Folienstifte und Overhead-Projektor bereitsellen.

Der Bewertungsbogen (Schülerheft S. 27) ist in ausreichender Anzahl zu kopieren.

LS 06 Tabellen mit Hand und Computer erstellen

		Zeit	Lernaktivitäten	Material	Kompetenzen
1	LV/ EA	10′	Der L erläutert mit Beispielen die Begriffe Tabelle und Liste. S notieren wichtige Kriterien für tabellarische Formen. Leistungsstarke Gruppen können sich mit Struktogrammen befassen.	LS 06.M1 S 06.1	- gezielt Informationen aus Texten, Bildern, Tabellen und Grafiken entnehmen und in eigenen Worten wiedergeben (ITG) - sich zur eigenen Mediennutzung äußern und sie reflektieren (ITG) - Informationen aus linearen und nicht linearen Texten entnehmen, sie verstehen und wiedergeben - wichtige Beiträge in Stichworten zusammenfassen - produktiv und kreativ mit dem Computer (Textgestaltung, grafische Gestaltung) umgehen (ITG) - die spezifischen Möglichkeiten des Computers nutzen (ITG)
2	EA	10′	Aus einem Text (Projektwochenplan) entnehmen die S Daten und übertragen sie in eine selbst gestaltete Tabelle.	S 06.2	
3	GA	15′	In Gruppen (4 S) stellen S ihre Ergebnisse vor und tauschen sich über Stärken und Schwächen der jeweiligen Lösung aus.	S 06.3	
4	PL	10′	Im Plenum erläutern per Los ausgewählte S ihre Gruppenergebnisse. Sie orientieren sich an Leitfragen und beschreiben in einem zweiten Schritt ihre Kenntnisse bei der Erstellung von Tabellen mit dem Computer.		
5	PA	15′	Die S (Experte/Laie) erstellen am Computer Tabellen als Word-Dokumente und übertragen die Daten aus der vorherigen Arbeitsphase.	S 06.4	
6	PA	10′	In einer Differenzierungsphase können die Partnergruppen nach Kenntnisstand weitere Tabellenformen (Tabellen-Assistent) erproben oder Tabellen mit Excel gestalten.		
7	PL	10′	Ausgeloste Tandems stellen ihre Ergebnisse vor. Im Plenum äußern sich S zu Vor- und Nachteilen unterschiedlicher Tabellenformen.		

✓ Merkposten

Für Arbeitsschritt 1 sollte ein Overhead-Projektor zur Verfügung stehen. Alternative: Beispiele von Lernplattform (www.klett.de/klippert) downloaden und digital verteilen oder ausdrucken und verteilen.

Für die Bildung der Zufallspaare und Zufallsgruppen sind geeignete Losgegenstände (Kartenspiel, Ziffernkarten o. Ä.) vorzubereiten. Gleiches gilt für die Auswahl der Gruppensprecher.

Hilfreiche Tabellenvorlagen unter www.klett.de/klippert

In den Erläuterungen werden einzelne Arbeitsschritte nicht näher beschrieben, wenn diese bereits in der Tabelle umfassend dargestellt werden bzw. zusätzliche Hinweise nicht nötig sind.

Erläuterungen zur Lernspirale

Ziel der Doppelstunde ist, den Schülern die Arbeit mit grafisch aufbereiteten Informationen zu eröffnen, Computeranwendungen zu erproben und deren Effizienz zu hinterfragen.
Im ersten Teil der Doppelstunde (Arbeitsschritte 1–4) sind keine PC-Arbeitsplätze erforderlich. Für die folgenden Arbeitsschritte muss der Unterricht in einen Computerraum verlagert werden oder es müssen Computer im Unterrichtsraum einbezogen werden.

Zum Ablauf im Einzelnen:
Arbeitsschritt 2: Auf der Internetseite www.klett.de/klippert sind Tabellen-Vorlagen abgelegt. Je nach Leistungsstärke der Klasse oder zur Binnendifferenzierung können unterschiedliche Tabellen-Vorlagen ausgedruckt und in der erforderlichen Anzahl für die Schüler kopiert werden.
Arbeitsschritt 5: Dieser Arbeitsschritt dient dazu, die „Spezialisten" zu erfassen, die mit Computerarbeit vertraut sind. Durch die Unterrichtsinhalte der informationstechnischen Grundbildung und privat erworbene Kenntnisse der Computeranwendung ist der Kenntnisstand sehr unterschiedlich. Es lohnt sich daher, „Spezialisten" für die Betreuung von Mitschülern – den „Laien" – zu gewinnen.
Methodischer Hinweis: Der „Experte" darf erklären, aber nicht die Tastatur berühren. Der „Laie" führt aus!

Notizen

LS 06.M1 Listen und Tabellen

Listen sind Aufzählungen, bei denen die Inhalte nach übergeordneten Themen geordnet werden. Ein bekanntes Beispiel ist eine Packliste für den Urlaub.

Packliste Sommerurlaub (Auszug)

Hosen:
- Jeans
- Turnhose
- Shorts
- Jogginghose

Schuhe:
- Sneakers
- Sandalen
- Sportschuhe

Sonstiges:
- Fön
- MP3-Player
- Handy

In einer **Tabelle** werden Daten und Texte geordnet dargestellt. Die Ordnung besteht darin, dass die Inhalte in die **Zeilen** und **Spalten** gesetzt werden. Zwischen Zeilen und Spalten besteht eine grafische Verbindung. Die erste Spalte in der folgenden Tabelle heißt **Vorspalte**. Die erste Zeile ist die **Kopfzeile**. Tabellen bestehen aus **Zellen**. Eine Zelle ist immer die Verbindung von einer Zeile und einer Spalte. Ein einfaches Beispiel ist eine Bundesliga-Tabelle. Aus der Verbindung von Spalte und Zeile kann man lesen, dass die Zelle in der 5. Zeile (ohne Kopfzeile), 3. Spalte (mit Vorspalte) besagt, dass Borussia Mönchengladbach so viele Tore geschossen wie Gegentore bekommen hat und auf Platz 5 der Tabelle steht.

Vorspalte Kopfzeile Zelle Spalte

	Verein	**Tore/Gegentore**	**Punkte**
1	SV Werder Bremen	18:9	13
2	FC Bayern München	11:7	13
3	Schalke 04	9:7	13
4	Alemannia Aachen	13:10	12
5	Borussia M'Gladbach	9:9	12

← Zeile

Stand 20.10.2006

Zusatzaufgabe für geübte Schüler
Struktogramme sind ebenfalls gut geeignet, komplizierte Abläufe und Zusammenhänge darzustellen. Auch sie bestehen aus über- und untergeordneten Elementen. Das folgende Beispiel veranschaulicht den Entscheidungsweg einer Beurlaubung in der Schule.

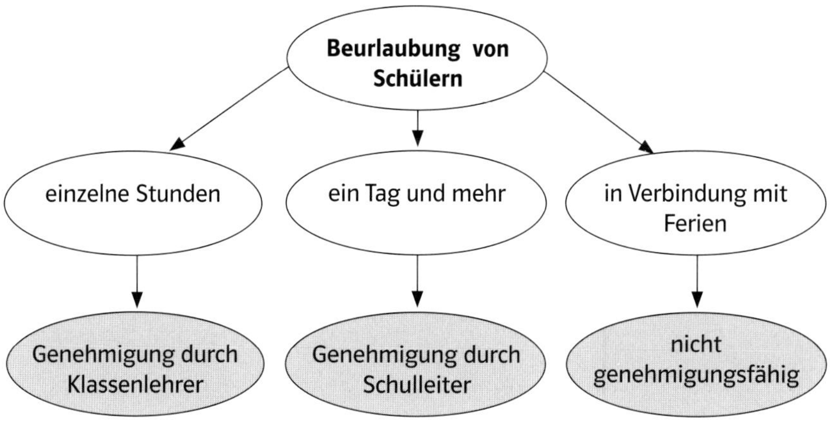

LS 07 Diagramme mit dem Computer erstellen

		Zeit	Lernaktivitäten	Material	Kompetenzen
1	EA	10′	S entnehmen Zahlen aus einer Auflistung und stellen Überlegungen an, wie das Zahlenmaterial tabellarisch und grafisch dargestellt werden kann.	S 07.1	- Informationen aus linearen und nicht linearen Texten entnehmen, verstehen und wiedergeben - wichtige Beiträge in Stichworten zusammenfassen - Diskussionsregeln akzeptieren und einhalten - die spezifischen Möglichkeiten des Computers nutzen (ITG) - längere Redebeiträge innerhalb einer kooperativen Präsentation leisten - produktiv und kreativ mit dem Computer (Textgestaltung, grafische Gestaltung) umgehen (ITG) - Kurzreferate frei vortragen
2	PA	10′	In Partnergruppen tauschen sich die S über ihre Ergebnisse aus und einigen sich auf eine gemeinsame Lösung.	S 07.2, 3	
3	PL	10′	Mehrere Gruppen (Sprecher und Gruppe per Los ermittelt) stellen ihre Beispiele vor (evtl. Tafelskizze). Gute Lösungen werden hervorgehoben.		
4	PA	15′	Die S lesen im SH die Kurzanleitung zur Erstellung von Diagrammen mit dem Computer und erproben diese. Sie variieren vorgegebene Diagrammformen und Datenreihen, um die Zusammenhänge zu erfassen.	S 07.4, 5	
5	PL	10′	Im Plenum thematisieren S Schwierigkeiten und Probleme bei der Computeranwendung: Die „Experten" klären die als Fragen formulierten Unklarheiten.	S 07.6	
6	PA	15′	Die S erstellen aus den bekannten Daten und einem weiteren Beispiel Diagramme (Säulen- oder Kreisdiagramm).	S 07.7	
7	PL	5′	S präsentieren eine ausgewählte Lösung (Säulen- und Kreis-Diagramme). Die Mitschüler geben – auch zum Präsentationsverhalten – Rückmeldungen.		

Erläuterungen zur Lernspirale

Merkposten

Für die Bildung der Zufallspaare und Zufallsgruppen sind geeignete Losgegenstände (Kartenspiel, Ziffernkarten o. Ä.) vorzubereiten. Gleiches gilt für die Auswahl der Gruppensprecher.

Reservierung des Computerraums oder mobiler Laptops.

Beamer oder Overhead-Projektor zur Präsentation bereitstellen.

In den Erläuterungen werden einzelne Arbeitsschritte nicht näher beschrieben, wenn diese bereits in der Tabelle umfassend dargestellt werden bzw. zusätzliche Hinweise nicht nötig sind.

Ziel der Doppelstunde ist es, Diagramme mit dem Computer zu erstellen. Die Inhalte bauen auf der LS 06 „Tabellen mit Hand und Computer erstellen" auf. Da es jetzt um die konkrete Computeranwendung geht, ist mit heterogenen Kenntnissen zu rechnen. Um den unterschiedlichen Vorerfahrungen der Schüler gerecht zu werden (private Interessen, schulische IT-Ausbildung), können mehrere Differenzierungsmöglichkeiten gewählt werden.
Es hat sich bewährt, einen „Experten" und einen „Laien" in Partnerarbeit an einem PC arbeiten zu lassen.
Methodischer Hinweis: Der „Experte" darf erklären, aber nicht die Tastatur berühren! Der „Laie" führt aus.

Zum Ablauf im Einzelnen:
Arbeitsschritt 4: Hier ist darauf zu achten, dass neue Zweiergruppen gebildet werden. Auch in dieser Phase sollten „Laien" und „Experten" jeweils ein Tandem bilden.
Alternativ oder begleitend können die Schüler aufgefordert werden in „Handarbeit" Lösungen zu erstellen. Dabei sollte die Kreativität der Schüler nicht unterschätzt werden!
Arbeitsschritt 7: Die Ausstattung der Schulen ist sehr verschieden. Sollte ein Beamer zur Verfügung stehen, kann er hier eingesetzt werden. Alternativ können ausgewählte Arbeitsergebnisse ausgedruckt und als Folie gezeigt werden. Bei der Präsentation der Ergebnisse sollte auch auf das Präsentationsverhalten (Körpersprache, Sprache) eingegangen werden.

LS 08 Präsentationen erarbeiten, halten, bewerten und Beratungsgespräche führen

		Zeit	Lernaktivitäten	Material	Kompetenzen
1	LV	10′	L stellt ein unterrichtsrelevantes Thema vor. S ergänzen Themen, die in Gruppen über einen definierten Zeitraum bearbeitet werden sollen. Es werden Themen (Gruppengröße 4–6 S) je nach Klassengröße festgelegt.		- aufmerksam zuhören, Sprechabsichten erkennen - sachlich und fair mit den Argumenten anderer umgehen - sach-, situations- und adressatenbezogen auf andere eingehen - frei, auch mithilfe von Stichwörtern, präsentieren und Visualisierungsmittel einsetzen - wesentliche Mittel unterscheiden, welche die mündliche Kommunikation beeinflussen - einfache Formen der Präsentation und Visualisierung erproben - verschiedene Ausdrucksformen der Körpersprache (Gestik, Mimik, Haltung, Gang) erfassen - anhand elementarer Kriterien eine Präsentation beurteilen (ITG)
2	EA	10′	Die S notieren Aspekte und sammeln Ideen und Argumente für ein Präsentationsthema.	S 08.1	
3	PA	10′	In PA (unterschiedliche Themen) stellen die S ihre Themenwahl vor und erläutern ihre Gründe. Die Partner hinterfragen kritisch die Aussagen.	S 08.2	
4	GA	20′	In themengleichen Gruppen stellen S ihre Vorstellungen zum Präsentationsthema vor, engen das Thema ein. Doppelbesetzungen sind möglich. S erhalten den Zeitplan mit Angaben zum Geräte- und Materialbedarf (Overhead-Projektor, Beamer, Plakate, ...) als Kopie.	S 08.3 Zeitplan siehe Schülerheft S 08, S. 32	
5	LV	5′	Vor der ersten Präsentation informiert der L über den Ablauf und teilt die Bewertungsbögen aus. S stellen Fragen, um Unklarheiten zu beseitigen.	Bewertungsbögen S 05, S. 27	
6	PL/ EA	10′	Die erste Schülergruppe präsentiert. S füllen nach der Präsentation den Bewertungsbogen in EA aus.	S 08.4	
7	PA	10′	S tauschen ihre Bewertungen aus, einigen sich auf ein gemeinsames Feedback mit Optimierungsvorschlägen.	S 08.5	
8	PL	10′	S stellen dar, wie sie mit ihrer Präsentation zufrieden sind. Ein Tandem gibt der Gruppe ihre Bewertung mit Hinweisen zur Optimierung. S aus dem Plenum ergänzen.		

Erläuterungen zur Lernspirale

Ziel der Doppelstunde ist es, gelernte und erprobte Verfahren und Kenntnisse selbständig auf neue Themen zu übertragen. Dazu können die Schüler Themen wählen, die in Verbindung mit verbindlichen Unterrichtsinhalten stehen.

Zum Ablauf im Einzelnen:

Arbeitsschritt 1: Hier können viele Themen genannt werden. Wichtig ist, dass „exotische" Themen als nicht relevant eingestuft und zurückgewiesen werden.

Arbeitsschritt 3: Die Schüler müssen in dieser Phase die Umsetzbarkeit ihrer Themen prüfen. Hier sollten vor allem Fragen zur praktischen Arbeit von den Mitschülern gestellt oder vom Lehrer eingebracht werden.

Arbeitsschritt 4: Die konkrete Umsetzung eines Präsentationsthemas wird gefordert. Jedes Thema kann von zwei Gruppen bearbeitet werden. Schüler haben selten eine genaue zeitliche Planung. Hier sind erste Angaben im Zeitplan einzutragen. Der Zeitplan sollte immer wieder aktualisiert werden. Auch Geräte und Materialbedarf müssen vor der Präsentation geklärt und eingetragen werden.

Arbeitsschritt 5 und 6: Bewertungsbögen (siehe Schülerheft S 05, S. 27) immer **nach** der Präsentation ausfüllen lassen!

Arbeitsschritt 8: Rückmeldungen und Einschätzungen von Schülerleistungen durch Mitschüler sind sensible Bereiche. Verletzende Aussagen über die Leistung von Mitschülern müssen vom Lehrer aufgegriffen und thematisiert werden. Hier können Schüler hinsichtlich ihrer sozialen Kompetenz, aber auch für ihre Präsentationskompetenz viel lernen. Der Rollenwechsel (Präsentierender und Beurteilender) schafft neue Lernanlässe.

✓ Merkposten

Für die Bildung der Zufallspaare und Zufallsgruppen sind geeignete Losgegenstände (Kartenspiel, Ziffernkarten o. Ä.) vorzubereiten. Gleiches gilt für die Auswahl der Gruppensprecher.

Der Bewertungsbogen aus S 05, S. 27, ist in ausreichender Anzahl zu kopieren.

In den Erläuterungen werden einzelne Arbeitsschritte nicht näher beschrieben, wenn diese bereits in der Tabelle umfassend dargestellt werden bzw. zusätzliche Hinweise nicht nötig sind.

Blitzlicht (auch Blitz- oder Blitzlichtrunde): Die Schüler äußern sich in Kurzform zu einem bestimmten Thema/Reizwort/Problem. Sie äußern Assoziationen oder bringen Erfahrungen, Meinungen bzw. Vorwissen ein. Die Äußerungen sind knapp, spontan und werden nicht weiter kommentiert.

Doppelkreis (auch Kugellager): Die Schüler sitzen oder stehen sich in einem Innen- und Außenkreis paarweise gegenüber und halten sich wechselseitig Vorträge, führen Interviews etc. Die Hälfte der Klasse ist also mündlich aktiv.

Feedback: Die Schüler geben Mitschülern oder auch Lehrern Rückmeldungen zu bestimmten Arbeitsphasen bzw. Arbeitsweisen. Das Feedback folgt bestimmten Regeln und sollte auf jeden Fall fair und ermutigend sein.

Kettengespräch: Schüler-Schüler-Gespräch nach bestimmten Regeln. Zum Beispiel: Ein erster Redner äußert sich und gibt das Wort an einen anderen Schüler weiter, der sich meldet. Der neue Sprecher muss zunächst den Vorredner anschauen, dessen Beitrag wiederholen und darf erst dann seinen eigenen Beitrag vortragen etc.

Kooperative Präsentation: Zum Abschluss einer Gruppenarbeit präsentieren zwei oder mehr Schüler das jeweilige Gruppenergebnis. Die Präsentatoren können ausgelost werden. Die Präsentation muss so vorbereitet werden, dass die betreffenden Sprecher in etwa gleichgewichtig zu Wort kommen.

Lernprodukte: Produkte, die am Ende eines Arbeitsprozesses von Schülern stehen. Das können eigene Texte, Zeichnungen, Schaubilder, Tabellen, Diagramme, Briefe, Kommentare, Mindmaps, Plakate, Wandzeitungen, Kollagen, Gedichte, Hörspiele, technische Werkstücke etc. sein.

Mischgruppen: Die Mitglieder unterschiedlicher Stammgruppen werden quer gemischt, so dass sich in jeder Mischgruppe mindestens ein Vertreter aller Stammgruppen findet

Museumsrundgang: Die Schüler sichten alleine oder in Gruppen die im Klassenraum aushängenden bzw. ausliegenden Lernprodukte, holen Informationen ein und besprechen etwaige Unklarheiten.

Partnerberichte: Die Schüler berichten sich im Doppelkreis oder in anders gebildeten Zufallstandems zu einem bestimmten Thema bzw. Arbeitsauftrag.

Plenumsgespräch: Gesprächssequenzen im Klassenverband. Das können Schülerdiskussionen, Feedbackgespräche, Kreisgespräche oder lehrergelenkte Unterrichtsgespräche sein.

Tandemarbeit (TA): Zwei Schüler arbeiten gemeinsam an einer Aufgabe. Sie lösen gemeinsam Probleme, halten sich wechselseitig Vorträge, unterstützen sich gegenseitig etc. (siehe auch Partnerarbeit)

Tandempräsentation: Die Präsentation der Arbeitsergebnisse vor der Klasse erfolgt zu Zweit. Die Präsentation kann gleichberechtigt erfolgen; sie kann aber auch so aussehen, dass ein Schüler als Hauptpräsentator und ein zweiter als Assistent ausgelost wird.

Themengleiche Gruppen: Die Klasse wird in mehrere Gruppen aufgeteilt, die zu bestimmten Themen- bzw. Fragestellungen arbeiten (vgl. auch Stammgruppen).

Themenspeicher/Problemspeicher: Die Schüler notieren Themenvorschläge bzw. Problemanzeigen auf Stichwortkarten und heften sie an eine eigens vorbereitete Pinnwand oder Wandtafel.

Themenzentrierte Assoziationen: Die Schüler fixieren ihre persönlichen Assoziationen zum jeweiligen Thema in Form von Stichworten, Assoziationsbildern, Satzergänzungen, Symbolen etc.

Vier-Ecken-Gesprächszirkel: Die vier Ecken des Klassenraumes sind mit bestimmten Gesprächsanlässen (z.B. Symbolen, Fragen, Wertschätzungen etc.) belegt, denen sich die Schüler zuordnen können und zu denen sie ihre Gedanken/Meinungen/Erfahrungen austauschen.

Zufallsgruppe/Zufallstandem: Gruppen- bzw. Tandembildung mittels Abzählen, Spielkarten, Puzzlebildung, Namenskärtchen oder anderen Formen des Losverfahrens.

✓ Merkposten

Weitere Begrifflichkeiten werden unter www.klett.de/klippert erklärt